はじめに

　近年の安倍自公政権は、2011年3月の東日本大震災や2015年11月のフランスでの同時多発テロを〈緊急事態〉の例として利用しながら、日本国憲法への緊急事態条項(国家緊急権)導入の必要性を再び強調するようになりました。1952年のサンフランシスコ講和条約発効以後に始まった保守改憲勢力による改憲の動きを振り返ってみると、1950年前半(例:1954年11月発表の自由党憲法調査会「日本国憲法改正案要綱」)から、すでに緊急事態条項の導入を求める声が出ていたことがわかります。その流れの中で、同条項は防衛や安全保障の名を借りた日本の再軍備化を促す手段の一つとして位置づけられてきました。

　比較的近年の動きでいえば、たとえば2004年6月発表の自民党政務調査会・憲法調査会憲法改正プロジェクトチームによる「論点整理」においてその導入が主張され、ついには2012年4月発表の自民党「日本国憲法改正草案」の中に新設章(第9章)として「緊急事態」(98条、99条)が盛り込まれました。また、保守改憲政党のみならず、これらの政党と密接な関係を有しながら改憲を求めてきた民間の保守改憲勢力の動き(例:2001年2月の日本会議新憲法研究会による改訂版「新憲法の大綱」)も同様です。

安倍自公政権下では、たとえば、「特定秘密の保護に関する法律」の制定（2013年12月制定、2014年12月施行）、集団的自衛権の〈限定〉行使容認にかかる閣議決定（2014年7月）、一連の安全保障関連法の制定（2015年9月制定、2016年3月施行。その内容に鑑み、「戦争法」と呼ぶ人もいます）等の軍事体制の強化を狙った法制化が猛スピードで進められてきました。そして衆参両議院で保守改憲勢力が議席の3分の2を占める事態が生じている現在、私たちは一人ひとりの人権を大幅に制約しかねない〈加憲〉を含む明文改憲がリアルに差し迫った危機的状況に瀕しています。同政権等が求める改憲・加憲の大きなターゲットの一つが保守改憲政党等にとっての長年の夢であった緊急事態条項の導入です。これはけっして、安倍自公政権が主張するような地震等の災害対策ではありません。軍事体制の強化、すなわち戦争ができる国づくりの一環として目指されているものです。

　また、このような戦争ができる国づくりのための動きは、対外的には軍国主義に基づく植民地支配や侵略戦争を遂行し、国内的にはそれを支えるための抑圧体制を敷いてきた大日本帝国の負の歴史を克服するために、1946年に誕生した現行憲法の希望を打ち砕くものです。現行憲法の下で

はじめに　iii

私たちの基本的人権は、現在を生きる者のみならず、将来を生きる者がともに有する「侵すことのできない永久の権利」（11条、97条）として保障されています。それを否定するものの一つが、緊急事態条項の導入です。これはけっして「お試し改憲」と言えるような気軽なものではありません。

　本書の目的は、日本国憲法へ緊急事態条項が導入された場合、とりわけそれらが自民党の日本国憲法改正草案98条と99条の内容に相当する条項である場合に、私たち一人ひとりの日々の暮らしや私たちを取り巻く社会環境のさまざまな側面が受けうる、各種各様の負の影響を広く社会に伝えることにあります。したがって、本書では、私たちの日常生活と社会生活に密接なかかわりがある個別テーマを多数選び、これらのテーマに沿って同条項の多様な危険性を描くことにしました。本書を通して、多角的な視点から同条項の問題を考えていただけると幸いです。

2017年4月5日
室蘭にて
編者を代表して　清末愛砂

目次 緊急事態条項で
暮らし・社会はどうなるか
「お試し改憲」を許すな

はじめに ……… ii

イントロダクション ………………………………………………………………… 2
「緊急事態条項」（国家緊急権）とは何か　　　　　飯島滋明

第1部 緊急事態条項とは何か

1 自民党「日本国憲法改正草案」と緊急事態条項 ……………………… 6
緊急事態に内閣が政令でいろいろな措置を
とることができてしまう　　　　　　　　　　　清水雅彦

2 日本国憲法と緊急事態条項 …………………………………………… 10
日本国憲法に「緊急事態条項」がない理由　　　飯島滋明

3 緊急事態条項と大日本帝国憲法 …………………………………… 12
緊急勅令の濫用！白紙委任法！
その先に何が待ってる！？　　　　　　　　　　榎澤幸広

4 緊急事態条項と第9条（平和主義） ………………………………… 16
軍事化と密接な関係がある緊急事態条項　　　清末愛砂

5 緊急事態条項と第24条（家族） …………………………………… 20
緊急事態条項と24条の同時改憲・加憲の
目論みはどこに？　　　　　　　　　　　　　　清末愛砂

v

6 緊急事態条項と安保法制（戦争法） ⋯⋯⋯⋯⋯⋯⋯⋯ 24

安保法制（戦争法）の発動で緊急事態が宣言され、
「大統領的首相」が誕生する
　　　　　　　　　　　　　　　　　　　　　　　　清水雅彦

7 緊急事態条項と国会 ⋯⋯⋯⋯⋯⋯⋯⋯⋯⋯⋯⋯⋯⋯ 28

国会は緊急事態を統制できるのか
　　　　　　　　　　　　　　　　　　　　　　　　馬場里美

8 緊急事態条項と災害 ⋯⋯⋯⋯⋯⋯⋯⋯⋯⋯⋯⋯⋯⋯ 30

憲法は、災害対策の障害になるか
　　　　　　　　　　　　　　　　　　　　　　　　永井幸寿

第2部 緊急事態条項で暮らし・社会はどうなるか

1 緊急事態条項と生活必需品 ⋯⋯⋯⋯⋯⋯⋯⋯⋯⋯⋯ 36

戦争で食糧不足になったら
国は助けてくれるの？
　　　　　　　　　　　　　　　　　　　　　　　　榎澤幸広

2 緊急事態条項と地震・天気予報 ⋯⋯⋯⋯⋯⋯⋯⋯⋯ 40

緊急事態が複数生じたら何が優先される？
被災地対策、それとも……
　　　　　　　　　　　　　　　　　　　　　　　　榎澤幸広

3 緊急事態条項と小学校・中学校・高等学校 ⋯⋯⋯⋯ 44

学校で、子どもが主人公じゃなくなる？
　　　　　　　　　　　　　　　　　　　　　　　　安原陽平

4 緊急事態条項と大学 ⋯⋯⋯⋯⋯⋯⋯⋯⋯⋯⋯⋯⋯⋯ 48

緊急事態宣言下でも
研究の自由は守られるのか？
　　　　　　　　　　　　　　　　　　　　　　　　石川裕一郎

5 緊急事態条項とマスメディア································52

戦争に協力した老記者は言った
「あなたも書く。それが戦争だ」

往住嘉文

6 緊急事態条項と集会・デモ・労働組合活動················56

「普通の一般的集会だったら心配ない」のか

奥田喜道

7 緊急事態条項と共謀罪································60

法を否定する法をつくること

前田 朗

8 緊急事態条項と政党································64

「われわれの政党は保守だし関係ない」のか

奥田喜道

9 緊急事態条項とネット································66

「やましいことはしていないので
盗聴されてもいい」のか

奥田喜道

10 緊急事態条項と医療関係者································68

命を救うために
本当に考えなければいけないこと

渡邊 弘

11 緊急事態条項と運輸・土木・建築関連業者、従業員（徴用）················72

6万を超える船員の命に学ぶべき時

渡邊 弘

12 緊急事態条項と自治体································76

緊急事態と認定されれば
「自治体」の権限が取り上げられる

飯島滋明

vii

13 緊急事態条項と警察・自衛隊⋯⋯⋯⋯⋯⋯⋯⋯⋯⋯⋯⋯⋯⋯⋯⋯ 80

すでに緊急事態に対応する警察と
自衛隊に関する法律が十分整備されている　清水雅彦

14 緊急事態条項と裁判所⋯⋯⋯⋯⋯⋯⋯⋯⋯⋯⋯⋯⋯⋯⋯⋯⋯⋯⋯⋯ 82

緊急事態条項への裁判的統制がないのは
「まっとうな立憲主義国家」ではない　飯島滋明

15 緊急事態条項と選挙権（参政権）⋯⋯⋯⋯⋯⋯⋯⋯⋯⋯⋯⋯⋯⋯⋯⋯ 84

今は、緊急事態です！
それに、あなたが私を選んだんですよ！　池田賢太

16 緊急事態条項とマイノリティ⋯⋯⋯⋯⋯⋯⋯⋯⋯⋯⋯⋯⋯⋯⋯⋯⋯⋯ 88

緊急事態時、デマに惑わされず
冷静でいられますか？　榎澤幸広

17 緊急事態条項と沖縄⋯⋯⋯⋯⋯⋯⋯⋯⋯⋯⋯⋯⋯⋯⋯⋯⋯⋯⋯⋯⋯⋯ 92

市民の抵抗は「内乱」か
政治に抵抗できなくなる？　髙良沙哉

18 緊急事態条項と国民国家⋯⋯⋯⋯⋯⋯⋯⋯⋯⋯⋯⋯⋯⋯⋯⋯⋯⋯⋯⋯ 96

国民国家を超える歓待の世界　小田博志

第**3**部　世界の緊急事態条項

イギリスの緊急事態対応　松原幸恵⋯⋯⋯⋯⋯⋯⋯⋯⋯⋯ 102

アメリカの緊急事態対応　松村芳明⋯⋯⋯⋯⋯⋯⋯⋯⋯⋯ 106

ドイツの緊急事態条項　　　飯島滋明 ………………………… 110

フランスの緊急事態条項　　　石川裕一郎 ………………… 114

韓国の緊急事態条項　　　李京柱 …………………………… 118

トルコの緊急事態条項　　　吉田達矢 ……………………… 122

パキスタンの緊急事態条項　　　清末愛砂 ………………… 126

コラム／緊急事態宣言下で逮捕された弁護士・元イスラーミヤ法科大学(カラチ)学長
アブラール・ハサン氏(81歳)は語る …………………………… 138
**基本的権利や人権、
司法の独立のために闘ってほしい**

インドネシアの緊急事態条項　　　佐伯奈津子 …………… 130

緊急事態条項と国連・地域人権機構　　　川眞田嘉壽子 …… 134

第4部 資料／緊急事態条項

1｜日本国憲法改正草案(自由民主党・2012年4月27日) ……………… 140

2｜大日本帝国憲法下の緊急事態法制関連条文

● 大日本帝国憲法 …………………………………………………… 141
● 戒厳令(明治15年太政官布告第36号) ……………………………… 141
● 治安維持法(大正14年法律第46号) ……………………………… 142
● 治安維持法中改正ノ件(昭和3年6月29日勅令第129号) ……………… 142
● 昭和11年勅令第18号一定ノ地域ニ戒厳令中必要ノ規定ヲ適用スルノ件廃止ノ件
(昭和11年7月17日勅令第189号(2・26事件関連)) ……………………… 143
● 国家総動員法(昭和13年法律第55号) ……………………………… 143

ix

3 | 緊急事態条項(国家緊急権)に関する各国の規定(抜粋)

1 ドイツの緊急事態法制関連条文
- ■ ヴァイマール憲法 ……………………………………………………… 143
- ■ ドイツ連邦共和国基本法 …………………………………………… 144

2 フランスの緊急事態法制関連条文
- ■ 第5共和国憲法典 ……………………………………………………… 145
- ■ 緊急状態に関する1955年4月3日の法律第385号(2017年4月1日現在)……… 145

3 パキスタンの緊急事態法制関連条文
- ■ パキスタン・イスラーム共和国憲法 ……………………………… 147

4 | 緊急事態条項に関するマスメディアの見解
- ■ 読売新聞2016年3月25日付社説 …………………………………… 148
- ■ 朝日新聞2016年3月14日付社説から抜粋 ……………………… 149
- ■ 毎日新聞2016年3月6日付社説 …………………………………… 150
- ■ 日本経済新聞2016年5月3日付社説から抜粋 ………………… 152
- ■ 産経新聞2015年11月13日付〔電子版〕 ………………………… 153
- ■ 河北新報2015年5月17日付から一部引用 …………………… 154
- ■ 西日本新聞2017年4月15日付〔電子版〕から抜粋 ………… 154

5 | 緊急事態条項に関する各政党の立場
- ■ 2017年3月16日衆議院憲法審査会での各政党議員の発言を一部引用 ……… 155

あとがきに代えて ……… 158

編者・執筆者プロフィール ……… 162

緊急事態条項で
暮らし・社会はどうなるか

「お試し改憲」を許すな

イントロダクション ////

「緊急事態条項」（国家緊急権）とは何か

飯島滋明 名古屋学院大学経済学部教授

1 「緊急事態条項」とは？

　本書のテーマである「緊急事態条項」とは、憲法学では「国家緊急権」と言われてきたものです。「緊急事態条項」（国家緊急権）とはなんでしょうか？　「法」について少しでも勉強したことのある人なら誰でも知っている、憲法学の芦部信喜先生（ただ、安倍首相は芦部先生を知りませんでした）が書いた『憲法学（第6版）』（高橋和之補訂。岩波書店、2015年）376頁では、「戦争・内乱・恐慌・大規模な自然災害など、平時の統治機構をもってしては対処できない非常事態において、国家の存立を維持するために、国家権力が、立憲的な憲法秩序を一時停止して非常措置をとる権限を、国家緊急権という」と記載されています。

2 日本国憲法の「目的」と「緊急事態条項」

　日本国憲法の「目的」、それを一言でいえば、一人ひとりの「自由と権利」を守ることです。「国の最高法規」（憲法98条1項）である「憲法」では、一人ひとりの自由や権利が保障されています。そして個人の権利や自由を守るため、権力者は憲法に従わなければならないとされます。こうした考え方は「立憲主義」と言われます。

　しかし、「戦争」や「内乱」、「自然災害」などの緊急事態の際、権力者が憲法に従わずに自由に行動することを認める規定が「緊急事態条項」です。憲法学の大御所である樋口陽一先生の言葉を借りれば、「法を無視することをあらかじめ許す法」が「緊急事態条項」です（樋口陽一『いま、「憲法改正」をどう考えるか 「戦後」日本を「保

守」することの意味』〔岩波書店、2013年〕114頁)。「立憲主義」との関係でいえば、緊急事態の際には「立憲主義」が棚上げされます。

3 │ 緊急事態条項は必要？

　自民党は①戦争や内乱、自然災害などの際に緊急事態条項がないと政府が迅速に対応できない、②外国には緊急事態条項がある、という理由を挙げ、憲法改正により「緊急事態条項」を導入することが必要だと主張します。「なるほど!」と思うかもしれません。

　ただ、大日本帝国憲法(明治憲法)には緊急事態条項に関する規定がありました。にもかかわらず、今の憲法に緊急事態条項がないのはなぜでしょうか？　また、憲法を改正して緊急事態条項を導入すれば、憲法の他の規定にどのような影響が出るのでしょうか？　第1部ではこうした問題が紹介されます。

4 │ 緊急事態条項と暮らし・社会

　憲法が改正されて「緊急事態条項」が導入されると、私たちの生活や暮らしはどうなるのでしょうか？　こうした問題を抽象的に議論してもピンと来ないかもしれません。そこで第2部では実際に、学校生活、メディア、医療関係者、土木、建築業者、地方自治体などがどう変わる可能性があるかを紹介してみました。さらに、実際に緊急事態条項が外国の憲法ではどのように規定されているのか、外国では緊急事態条項がどのように使われたのかを第3部で紹介します。最後に第4部では、各政党、各メディアなどが「緊急事態条項」についてどのような立場をとっているかを紹介します。

(いいじま・しげあき)

第 **1** 部

緊急事態条項とは何か

第1部　緊急事態条項とは何か

1 自民党「日本国憲法改正草案」と緊急事態条項

緊急事態に内閣が政令で
いろいろな措置をとることができてしまう

清水雅彦 日本体育大学体育学部教授

1 はじめに

　「○○首相は、東京オリンピックを前に日本の外交政策を批判する国際グループによって引き起こされたテロ事件を受けて、緊急事態の宣言を発し、政令で裁判官による令状がなくても不審者の身柄拘束ができるようにしました……」。

　「戦後レジームからの脱却」を掲げる安倍晋三首相は、第1次安倍政権の時から憲法改正（改憲）に強い意欲を示してきました。この改憲を議論するに当たって、たたき台になるのが自民党によって2012年4月に発表された「日本国憲法改正草案」です。この中には緊急事態条項の規定もあり、もしこの通りに改憲されたなら、冒頭で述べたことも現実になりかねません。そこで、この改憲案の内容を見た上で、問題点を考えてみましょう。

2 自民党改憲案の内容

　具体的には、第9章に「緊急事態」という新たな章を設けました。ここではまず98条1項で、「内閣総理大臣は、我が国に対する外部からの武力攻撃、内乱等による社会秩序の混乱、地震等による大規模な自然災害その他の法律で定める緊急事態において、特に必要があると認めるときは、法律の定めるところにより、閣議にかけて、緊急事態の宣言を発することができる」とし、99条1項で、「緊急事態の宣言が発せられたときは、法律の定めるところにより、内閣は法律と同一の効力を有する政令を制定することができるほか、内閣総理大臣は財政上必要な支出その他の処分を行い、地方自治体の長に対して必要な指示をすることができ

6　第1部　緊急事態条項とは何か

る」とし、同条3項で、「緊急事態の宣言が発せられた場合には、何人も、法律の定めるところにより、当該宣言に係る事態において国民の生命、身体及び財産を守るために行われる措置に関して発せられる国その他公の機関の指示に従わなければならない。この場合においても、第十四条、第十八条、第十九条、第二十一条その他の基本的人権に関する規定は、最大限に尊重されなければならない」としています。

3 ｜ 自民党改憲案の背景

　実は自民党は2005年にも全面的な改憲案である「新憲法草案」を発表していますが、この時は「緊急事態」の規定はありませんでした（この時期、緊急事態条項論を熱心に展開していたのは民主党の方で、2005年に民主党が憲法についての考え方を示した「憲法提言」に国家緊急権明示論を盛り込んでいました）。ではなぜ、2012年案に緊急事態条項が入ったのでしょうか。これはやはり2011年3月の東日本大震災の影響が大きいでしょう。同年8月に、自民党の中山太郎元衆議院憲法調査会会長が「緊急事態に関する憲法改正試案」を発表し、全国会議員に配布しました。

　中山氏は、東日本大震災後の復興への取組みの遅れについて、「これまで、緊急事態に関する議論が必ずしも十分に行われてこなかったことにその一因があるのではないか」としています。しかし、そもそも復興の遅れは本当に憲法の不備にあるのでしょうか。これについての立証がなく、東日本大震災を改憲のために利用しているともいえます。

　自民党の改憲案についても、自民党が作成した改憲案を説明するQ&Aで、緊急事態の新たな章を設けたのは、「東日本大震災における政府の対応の反省も踏まえて」としています（Q39）が、ここでも憲法に規定がなかったことの問題についての立証がありません。

4 ｜ 自民党改憲案の問題点

　では、この自民党の改憲案にはどのような問題があるのでしょうか。

　まず、なんといっても、国民の代表機関である国会が制定する法律ではなく、内閣の判断だけで法律と同一の効力を持つ政令（内閣が作る法令）を制定し、国民

①自民党「日本国憲法改正草案」と緊急事態条項　7

には緊急事態時に国などの指示に従う義務を課すという問題があります。

　一方で、法の下の平等（憲法14条）・奴隷的拘束及び苦役からの自由（憲法18条）・思想及び良心の自由（憲法19条）・表現の自由（憲法21条）については、「最大限に尊重されなければならない」としていますが、「尊重」さえすれば結果的に制限してもよいともとれます。また、自民党改憲案では「公益及び公の秩序」による人権制限¹ができるとしているので（2005年の自民党新憲法起草委員会各小委員会要綱には、「国家の安全と社会秩序」という表現がありました）、この「尊重」の程度も疑問です。具体的に列挙していない権利・自由は、安易に制限される可能性もあります。

　さらに、「日本国憲法改正草案」の前文冒頭は「日本国は」から始まり、「日本国民は」から始まる日本国憲法と違って、国民より国家を優先する国家主義的な発想がうかがわれます。他にも、9条の2で国防軍を設置し、首相がこの最高統括権を有するともしています。首相の権限強化としては、首相に衆議院の解散権があることを明示し（54条）、行政各部の総合調整権も付与しています（72条）。他の条文と併せて考えれば、改憲案全体が国家主義的なものといえるのです。

5 ｜ 緊急事態条項論の狙い

　自民党も安倍首相も、これまで改憲を目標にして活動してきました。最大の目標は9条改正ですが、国民自身は9条の改正には否定的です。そこでこの間、「憲法96条改正先行論」²や新しい権利・教育の無償化・憲法裁判所・道州制の新設論などが主張されてきたのです。これらは国民に憲法改正をまずは一度経験してもらう「お試し改憲論」的な意味があり、緊急事態条項論にもその側面があります。

　しかし、安倍政権は安保法制（戦争法）を制定しました。緊急事態条項論は「お

用語解説

1 **「公益及び公の秩序」による人権制限**：日本国憲法は「公共の福祉」により人権を制限する。これは人権と人権がぶつかった場合（たとえば、表現の自由対名誉権）の調整原理であるが、これを「国家の安全と社会秩序」を優先して人権を制限しようとしている。

2 **憲法96条改正先行論**：憲法改正のための国会の発議について、日本国憲法では各議員の総議員の3分の2以上の賛成による発議となっているところ、過半数へとハードルを下げるもので、2013年に安倍首相が熱心に主張した議論。

安倍政権は、多くの市民の反対を押し切って安保法案(戦争法)を強行採決した(2015年9月19日)。
写真は国会前での安保法案反対デモ(2015年8月30日)。写真提供＝共同通信。

試し改憲論」にとどまらない、この改憲だけでも人権の制限など影響が大きく、また、「戦争する国」に適合的な憲法に変えてしまう危険な改憲論といえます。

| 引用・参考文献

- 清水雅彦『憲法を変えて「戦争のボタン」を押しますか？──「自民党憲法改正草案」の問題点』(高文研、2013年)。

（しみず・まさひこ）

第1部　緊急事態条項とは何か

2 日本国憲法と緊急事態条項

日本国憲法に「緊急事態条項」がない理由

飯島滋明 名古屋学院大学経済学部教授

1 緊急事態条項と憲法学説

国家緊急権については日本国憲法には規定がありません。このことをどう考えるのかについては憲法学説上、大別すると以下の3つの説があります。

①欠欠説（「欠欠」とは「あるべきものが欠けている」ことです）。

外国からの侵略や内乱など、平時の統治方式では国家の存続そのものが危うくされる危険が起こる可能性があるにもかかわらず、こうした事態への対処が憲法に明記されていないのは日本国憲法の欠欠であると主張する見解です。

②容認説

緊急事態が発生した場合には、憲法に明文の規定がなくても国家は非常の権限行使をすることができると主張する見解です。

③否認説

明治憲法下でも国家緊急権が濫用された歴史があること、憲法前文や9条の徹底した平和主義との関連で考えれば、執行権に権限を集中し、とりわけ軍事組織に特別な権限を与える国家緊急権は憲法で認められていないという見解です。

戦争や内乱などの緊急事態の際、憲法を守らないことをあらかじめ認め、自由に行政権や軍事組織が行動できるという「国家緊急権」は極めて危険であるため、憲法で否定されているというのが憲法学界の通説となっています。

2 | なぜ日本国憲法には緊急事態条項がないのか

　次に、この問題について憲法制定時にどのような議論がされたのかを紹介します。

　1946年7月15日の衆議院帝国議会憲法改正委員会で北浦圭太郎議員は「やはり私は第31条ですか、さう云う規定(緊急事態条項——筆者注)が必要ではないかと思ふ、なぜ此の憲法にそれを置かないか、この点御伺ひ致します」と質問しています。この質問に金森徳次郎国務大臣は以下のように答弁しています。

　「現行憲法に於きましても、非常大権の規定が存在して居つたことは今御示しになつた通りであります／併しながら民主政治を徹底させて国民の権利を十分擁護致します為には、左様な場合の政府一存に於いて行ひまする処置は、極力これを防止しなければならぬのであります／言葉を非常と云ふことに借りて、その大いなる途を残しておきますなら、どんなに精緻なる憲法を定めましても、口実を其所に入れて又破壊せられる恐絶無とは断言しがたいと思ひます、敢えて此の憲法は左様な非常なる特例を以つて　——謂わば行政権の自由判断の余地を出来るだけ少なくするやうに考えた点であります」(第1部 **3**)。

　では、緊急の場合にはどうするか？　金森国務大臣は以下のように答弁しています。

　「敢えて特殊の必要が起こりますれば、臨時議会を召集して之に応ずる処置をする、又衆議院が解散後であつて処置の出来ない時は、参議院の緊急集会を促して暫定の処置をする」。

　憲法に緊急事態条項が明記されなかったのは悪用される危険性があること、金森大臣が答弁しているように、「民主政治を徹底させて国民の権利を十分擁護」するためです。

（いいじま・しげあき）

第1部　緊急事態条項とは何か

❸ 緊急事態条項と大日本帝国憲法

緊急勅令の濫用！白紙委任法！
その先に何が待ってる⁉

榎澤幸広　名古屋学院大学現代社会学部准教授

1 ｜ はじめに

　大日本帝国憲法（明治憲法）は、この国の統治者を天皇とし（1条）、議会・内閣・裁判所は天皇を支える機関にすぎませんでした。臣民にも権利は認められていたのですが、法律によって制限可能でした。さらに、本書と関係のある緊急勅令（8条）、戒厳（14条）、非常大権（31条）、緊急財政処分（70条。第4部資料参照）といった緊急事態条項に関係する条文もありました。

2 ｜ 緊急勅令

　緊急勅令は、「天皇ハ公共ノ安全ヲ保持シ又ハ其ノ災厄ヲ避クル為」、法律に代わり勅令を発せるものですが、①（次の議会を待てない程度の）緊急の必要があること、②帝国議会が閉会中であること、③その勅令は次の帝国議会会期に提出すること、④議会がこの勅令を承諾しない場合政府は将来に向かってその効力を失うことを公布しなければならないこと、といった条件をクリアしなければなりませんでした（ただ、次の議会に緊急勅令を提出する前に廃止する際の実際の運用は、議会にかけずに緊急勅令を廃止する緊急勅令が出されるにとどまりました）。

3 ｜ 戒厳

　明治憲法14条は、天皇が戒厳を宣告することを示し、戒厳の要件・効力は法律に定めるとしています。憲法制定後の立法措置がとられなかったため、帝国議会

12　第1部　緊急事態条項とは何か

が存在しない憲法制定以前に公布された戒厳令(1882年8月5日太政官布告36号〔改正1886年勅令74号〕)が14条2項にいう法律として効力を持ち続けました(同時期制定の「徴発令」も重要)。

ところで、戒厳令が示す"戒厳"とは、「戦時若クハ事変ニ際シ、兵備ヲ以テ全国若クハ一地方ヲ警戒スル」ことをいい(1条)、「臨戦地境(戦時若クハ事変ニ際シ警戒ス可キ地方ヲ区画)」と「合囲地境(敵ノ合囲若クハ攻撃其他ノ事変ニ際シ警戒ス可キ地方ヲ区画)」の2種類に分けることができました(2条。ふりがなは筆者)。臨戦地境では軍事に関係ある事件に限って地方行政事務や司法事務(9条)、合囲地境では地方行政事務や司法事務全て(10条。11～13条は裁判規定)が司令官の管轄権になり、地方官、地方裁判官や検察官は戒厳布告や宣告があった場合、速やかに司令官の指揮を請わなければなりませんでした。

この点、内務省警保局企画室『昭和十六年七月戒厳令ニ関スル研究』は、戒厳にも「狭義の戒厳」と「平時戒厳(一時戒厳、行政戒厳)」があると示しています。前者は、憲法14条や戒厳令に基づくもので、日清戦争や日露戦争時に一部の地域に臨戦地境戒厳が発令されました(合囲地境戒厳は一度も無し)。

これに対し、後者の「平時戒厳」とは「戦時若クハ事変ニ非ザルモ騒擾(広義ノ事変)等ノ場合ニ於テ国内治安保持上必要アルトキ」は明治憲法8条に基づいて「一定ノ地域ヲ限リ戒厳令中ノ一部ヲ適用スルコトヲ得ル」旨の緊急勅令を発するものです。この「平時戒厳」の例は、日露戦争後の講和条約内容に納得いかなかった国民が1905年9月5日、日比谷公園に集結した際、警察官と衝突しそのまま市内各地に騒擾が拡がった日比谷焼き討ち事件(東京市に適用。1905年9月6日～11月26日)、関東大震災(東京市、隣接五郡を皮切りに東京府、神奈川県、埼玉県、千葉県に拡大適用。1923年9月2日～11月15日)、1936年2月26日、陸軍青年将校率いる部隊が天皇親政を目指す国家革新のために首相官邸などを襲撃した2・26事件(東京市に適用。1936年2月27日～7月17日)の3つです。これらの勅令に示された内容は戒厳令9・14条の適用を明示し、戒厳令宣告と同一の法的効果を発生させるものでした。

ちなみに14条は、両戒厳地境内における司令官の警察執行権を認めた規定で、集会の自由、出版の自由、経済活動の自由、移動の自由、財産権、住所の不可侵、信書の秘密など大部分の臣民の権利制限・停止を認めるものです(14条但書は執行により生ずる損害要償不可の規定)。

4 │ 非常大権

明治憲法31条には、天皇は「戦時又ハ国家事変ノ場合」、天皇大権を施行できるとあります。明治憲法14条との違いはあるのかというと難しいのですが、戒厳が法に基づくものであるのに対し、非常大権は法によらず天皇の命令で明治憲法第2章の臣民の権利制限・停止を行うことができるというものです。宮沢俊義によれば、優先順位は緊急勅令、戒厳適用であって、「それらを以てしても十分でないといふ場合にはじめて非常大権が発動すると解すべき」と述べております（『憲法略説』〔岩波書店、1942年〕、70頁）。

5 │ 非常大権は一度も発動されていない!?

ところで、これらに該当する事例はあったのですが、非常大権が発動されたことは一度もありませんでした。さらに、戦時中は戒厳令も含め発動されておりません。それでは、なぜ発動されなかったのでしょうか？　「あまり早く施行すると、敵に不安を暴露することになる」とか「総動員体制での各種統制下で、戒厳司令官が命令を発すると、かえって混乱する」などの意見が戦時中ありましたが（百瀬孝『事典昭和戦前期の日本』〔吉川弘文館、1990年〕279頁）、東條英機首相は戦時中の帝国議会で「政府は基本戒厳を布く意図はなく、戦争遂行については専ら国民の伝統的忠誠心に俟ちたい」と断言しております（佐藤立夫、146頁）。

しかし、"国民の伝統的忠誠心"は数多くの緊急勅令の濫用や人権規制立法によって生成されたものであることを忘れてはなりません。前者の例は、1928年、議会で審議未了になり廃案となった、国体変革を目的とし結社した者や指導者の最高刑を死刑（以前は10年）にしたり、結社の目的遂行のためにする一切の行為を罪（目的遂行罪）として導入するといった治安維持法改正案を緊急勅令で発したこと、そして、先述の戒厳令の内容を緊急勅令で治安目的として自然災害事例にまで拡大したことがあげられます（自然災害、伝染病流行、経済混乱、社会運動は戒厳の定義に含まれないはずなのですが……）。

後者の例は、幾度かの戦争や戒厳経験の中で、新聞紙法、治安維持法、軍機保護法など次々と臣民の権利を制限する法が登場したり改正されていきますが、そ

1889（明治22）年2月11日に発布され、1890（明治23）年11月29日に施行された大日本帝国憲法（明治憲法）原本の写し。写真提供＝共同通信。

の中でも最も問題があったのが国家総動員法です。この国家総動員法（1938年）は「政府ハ戦時ニ際シ国家総動員上必要アルトキハ勅令ノ定ムル所ニ依リ」（4～26条）と繰り返し定め、白紙委任に近い行政立法を認めてしまいました。この立法内容は労働・経済・社会・生活面など広範囲に渡り、1943年までに80本制定されるのですが（敗戦までの数は不明）、これらによって戒厳や非常大権行使の際行なわれるはずの臣民の権利制限・停止がそれ以前に実現し、結果として、臣民はあらゆる場面において政府の言うことを聞かなければならないようになり身動きがとれない状況になってしまったのでした。

引用・参考文献

- 加藤一彦「大日本帝国憲法における非常大権の法概念」現代法学28号（東京経済大学現代法学会、2015年）。
- 佐藤立夫「資料戒厳令論」比較法学23巻2号（1990年）。

（えのさわ・ゆきひろ）

第1部　緊急事態条項とは何か

④ 緊急事態条項と第9条(平和主義)

軍事化と密接な関係がある緊急事態条項

清末愛砂 室蘭工業大学大学院工学研究科准教授

1 ｜ 神話としての〈安全保障環境の変化論〉

　「日本を取り巻く安全保障環境は一層厳しさを増しています。また、脅威は容易に国境を越えていきます」。

　「北朝鮮による核・ミサイル開発の継続や挑発行為」。

　「中国による透明性を欠いた軍事力の強化、海空域における活動の活発化」。

　これらは、外務省発行のパンフレット『日本の安全保障政策──積極的平和主義』(2016年3月改訂)の中の「日本を取り巻く安全保障環境と課題」のページ(4頁)に書かれている文言です。

　安倍自公政権は日本の安全保障をめぐる環境が変化したために(安全保障環境の変化論)、それらへの対応策として安全保障体制の強化が必要と主張し、一連の安全保障関連法を2015年9月19日に強行可決しました。安全保障法制は、集団的自衛権の行使や外国軍への後方支援の大幅な拡大等を可能とするものです。これに対し、同法制は日本国憲法(憲法) 9条が規定する戦争・武力による威嚇・武力行使の放棄(同条1項)、および交戦権の否認(同条2項)を否定し、日本を戦争ができる国へと変えると考えた数多の市民が、全国各地で大規模な反対運動を展開しました。それにもかかわらず、同政権はこれらの声にまったく耳を傾けることはありませんでした。かくして、同法制の成立およびその後の施行(2016年3月29日)をもって、9条の形骸化が格段と進みました。いわば9条の実質的改憲が行われたといえるでしょう。

　私は勤務校で「日本の憲法」や「平和と憲法」、「基本的人権」といった憲法関連科

目を教えています。受講生が書いたミニレポートを読むと、中国船による領海侵犯や北朝鮮の核実験・ミサイル発射を例に挙げ、これらの国々に何をされるかわからないため、しっかりとした安全保障体制・防衛体制が必要と主張するものを目にします。これは冒頭で紹介した外務省のパンフレットの論調、すなわち安倍自公政権による安全保障法制の正当化の論理と同じです。

　大日本帝国時代の日本は中国を軍事侵略し、筆舌に尽くしがたいほどの苦しみと被害を人々にもたらしました。一方、近現代史上、中国は一度たりとも日本を軍事攻撃したことはありません。また、同帝国時代の日本は朝鮮半島全体を植民地にし、その地の人々が差別と暴力的な抑圧に満ちた苛酷な支配下に生きることを強いました。現在、北朝鮮は国際政治の中で孤立させられています。軍事力や経済力も日本に比べるとはるかに小さいといえるでしょう。こうした歴史的事実や現況を冷静にみるならば、これらの国々が日本に脅威を与えているという主張は成り立ちません。すなわち、安全保障環境の変化論とは、防衛や米国等との軍事同盟の強化政策を打ち出すための方便にすぎないのです。

　安倍自公政権は、憲法上に緊急事態にかかる規定が必要と訴える際に、他国でのテロや東日本大震災等の自然災害とともにこうした神話的脅威を利用しています。軍事上のリアルな脅威があたかも差し迫っているかのような印象を人々に与えることで、緊急事態条項導入に向けた説得力を高めようとするのです。私たちはこうした神話に振りまわされないように注意する必要があるでしょう。

2 ｜ 平和と人権は不可分

　安倍自公政権は、安全保障政策を進める上で〈平和〉という言葉を多用してきました。たとえば、2013年以降の外交・安全保障政策の基本的な考え方として繰り返し使われるようになった「積極的平和主義」や、安全保障法制の呼び名としての「平和安全法制」等を挙げることができます。

　積極的平和主義に基づいて防衛や軍事同盟の強化を目指す安全保障政策は、憲法の基本原理の一つである平和主義が求める平和とは質的にまったく異なるものです。なぜなら、憲法前文(第2段)が謳う「平和のうちに生存する権利」(平和的生存権)とは「ひとしく恐怖と欠乏から免かれ」(同前文第2段)ることを前提とするものであるからです。すなわち、平和的生存権とは①一人ひとりの人格が個人と

④緊急事態条項と第9条(平和主義)　17

して尊重され（憲法13条）、②これらの個人が戦争・武力行使に代表されるような各種の暴力をともなう政策や強権的な抑圧体制等が生み出す「恐怖」、および貧困やさまざまな差別政策等がもたらす「欠乏」から解放され、基本的人権が尊重された状況の中で生きる権利を意味するのです。したがって、憲法が要請する平和や平和的生存権は人権の枠組の中にあり、安倍自公政権が考えるような安全保障の枠組の中で理解されるものではありません。

　平和的生存権を構成する重要条文の一つである憲法9条が戦力の保持ならびに交戦権を否認（9条2項）しているのは、戦力の保持がたとえ自衛であろうとも戦争や武力行使を可能とする手段となり、実際に戦力がその威力を発揮すると、国内外に住む人々に恐怖を与えることになるからです。これらの文脈から考えると、日本に対する武力攻撃を緊急事態の一つとして想定し、緊急事態条項を憲法に導入しようとする目論みは、安全保障に基づく平和の名の下で「自衛力」（1954年の自衛隊創設以降、歴代政府は自衛隊を戦力ではなく、自衛力として位置づけている）、すなわち軍事力を増強しようとする動きと連動したものであることがわかります。

3 ｜ トランプ氏勝利と9条改憲

　2016年11月に実施された米国大統領選で共和党の候補者ドナルド・トランプ氏が勝利しました。この勝利は、明文改憲・加憲*を狙う安倍自公政権には大変喜ばしいニュースとして映ったことでしょう。なぜなら、トランプ氏は選挙戦中から、駐日米軍にかかる費用の全額負担や駐日米軍の撤退をたびたび唱えてきたからです。これらの発言は、日本側が第一の同盟国と考えている米国が軍事力を軸に形成してきた国際秩序の維持に向けて、日本が米国と肩を並べる形で軍事的貢献を果たすこと、および日本の防衛力・軍事力を高める必要性を求めるものでした。まさに積極的平和主義が求める理想的な安全保障政策そのものであり、明

用語解説

* **加憲**：憲法にあらたな条項を盛り込む意味で使われる用語。改憲勢力の一部は批判を避けるために「改憲ではなく加憲だ」と主張することがあるが、それは狡猾な言い訳にすぎず、改憲と加憲に実質的な違いはない。

18　第1部　緊急事態条項とは何か

文改憲・加憲を目指す同政権を完全に利するものだったのです。その喜びを表明するためか、世界の首脳に先駆けて安倍首相は2016年11月に米国を訪問し、大統領就任前のトランプ氏と会談しました。

　新大統領に就任したトランプ氏が、一連の発言に沿った対日政策を進めれば、安倍自公政権をはじめとする保守改憲勢力は憲法9条2項から戦力の不保持や交戦権の否認を削除し、自衛権を明記するとともに、正規軍の創設を図るための条項を新設する等の改憲・加憲(2012年4月発表の自民党「日本国憲法改正草案」はそれを求めている)をこれまで以上に積極的に主張するようになるのではないでしょうか。将来的にその夢がかなうと、大日本帝国時代同様に日本の軍事化はとどまることを知らず、暴走し続けることになるかもしれません。また、改憲・加憲によって同時に緊急事態条項の導入がなされると、加速する軍事化に抗議する人々の声や動きにあわせて政府が緊急事態宣言を発し、抗議行動を暴力的に鎮圧することも考えられます。軍事国家であった同帝国の歴史はその可能性を十分に示しています。

｜ 引用・参考文献

- 外務省『日本の安全保障政策——積極的平和主義』(2016年改訂)、〈http://www.mofa.go.jp/mofaj/files/000117309.pdf〉(最終閲覧日2017年4月5日)。
- 榎澤幸広・奥田喜道・飯島滋明編著『これでいいのか!日本の民主主義——失言名言から読み解く憲法』(現代人文社、2016年)。

(きよすえ・あいさ)

第1部　緊急事態条項とは何か

5 緊急事態条項と第24条(家族)

緊急事態条項と24条の同時改憲・加憲の目論みはどこに？

清末愛砂 室蘭工業大学大学院工学研究科准教授

1 ｜ 大日本帝国と家制度

　現代を生きる私たちが結婚する場合、多くの人は成人であれば当事者と2人の証人が署名押印した婚姻届を役場に提出すればいい、と思うのではないでしょうか。しかし、大日本帝国時代はそう簡単にはいきませんでした。当時は、戸主が家長として同一戸籍(家の範囲を示した登録簿)の構成員を支配・統制する「家制度」が存在していたからです。明治民法(戦後の大改正以前の民法の親族編・相続編)上、戸主にはこれらの者の婚姻や養子縁組の同意権、居所指定権、家籍変動の同意権等の権限(戸主権)が付与されていました。

　家督相続権(戸主の地位や財産の相続権)は、原則直系の長男が持っていました。例外的に女性の家督相続が認められることもありましたが、嫡出でない男性の相続順位が嫡出の女性より高かったことからもわかるように、家制度は男性優位のものでした。また、夫に妻の財産管理権を付与し、子の親権も特例(父の死亡等)を除き父のみに認める等、夫婦や父母間の法的関係も極めて不平等でした。このように女性は家の中で従属的地位に置かれていたのです。

　大日本帝国は、帝国の土台を形成する単位は個人ではなく家であると考えていました。帝国の崩壊を招きかねない土台の弱体化を避けるために、①統制しやすい家を単位にし、②その内部に男性支配に基づくヒエラルキーと監視体制を作りあげることで、しっかりした土台の構築が目指されたからです。また、大日本帝国はその支配力を拡大するために、植民地支配やアジア各地への軍事侵略を進めました。それらの政策をスムーズに行うためには反対者を容赦なく弾圧するだけでなく、軍事体制に対する〈不穏な動き〉が起きないようにするための監視手段が

必要でした。その強力な手段の一つとなったものが、家制度でした。換言すれば大日本帝国のイデオロギーは、①唯一の主権者である天皇を〈父〉とする大家族としての帝国の末端部に家を位置づけ、②個々の家の内部に家制度を用いてジェンダー差別に基づく支配秩序を形成することで管理・監視体制を築き、③このような体制によって軍事国家を維持することを目指す家族国家観にあったといえるでしょう。

2 ｜ 24条の誕生

　家族における個人の尊厳と両性の本質的平等を謳う日本国憲法(憲法) 24条は、連合国最高司令官総司令部(GHQ)民政局の女性スタッフ、ベアテ・シロタ・ゴードンの発案を原型としています。若い頃に日本で育ったゴードンは、日本の女性が家制度の下で大変抑圧されてきたことを知っていました。それゆえに、1946年に日本国憲法のGHQ案の起草にかかわることになったとき、日本の平和には女性の幸せが必要不可欠と考え、女性の人権状況を改善するための条文案(ベアテ草案)を多数作成しました。その一つが24条の原型となったベアテ草案18条でした。

　残念なことに、ベアテ草案の多くはGHQ案に盛り込まれませんでしたが、18条はGHQ案23条として残りました。この23条が後にGHQ案に基づいて当時の日本政府が作成した憲法改正草案要綱22条(現行条文とほとんど同じ)となり、帝国議会での審議を経て、現行の24条が誕生したのです。

3 ｜ 24条の意義

　24条は、婚姻成立における当事者主義(両性の合意のみが要件)および個人の尊厳と両性の本質的平等に基づいて家族関連の立法をなすことを要請しています。これを受けて行われた1947年の明治民法の大改正により、とりわけ女性にとっての抑圧装置であった家制度が廃止されました。

　しかし、家族構成員間の権力関係によって生み出されるジェンダー差別や暴力の問題は、家制度の廃止により直ちに解決されるものではありません。世界規模で女性解放運動が盛り上がった1970年代に続き、1980年代以降は学問の世界で

⑤緊急事態条項と第24条(家族)　21

女性学やジェンダー・スタディーズが広がりを見せるようになりました。その一連の流れの中で、24条を家族内のさまざまな形態の差別や暴力を根絶するための条文として位置づける、再評価の動きが始まったのです。

　24条の意義は憲法の平和主義の観点からも導くこともできます。大日本帝国は、軍事活動を担う〈勇ましい男性〉と彼らを銃後から支える〈従順な女性〉を理想的臣民（天皇の家来）と考えていました。同帝国の軍事体制を支えた家制度は、その役割分担と両者の関係性を固定化する手段でもありました。個人の尊厳と両性の本質的平等を掲げる同条は、軍事主義の根底にある、こうしたジェンダー不平等の考え方を真っ向から否定するものです。この点に鑑みると、戦争の放棄や戦力の不保持を規定する憲法9条等とともに、同条は平和主義を構成する重要条文だということができるでしょう（第1部**4**）。

4 ｜ 緊急事態条項導入と24条改憲の相乗効果

　1950年代から保守改憲政党は日本の再軍備化に向けて9条改憲や憲法への緊急事態条項導入を訴えてきました。日本の護憲運動の中ではそれほど広く知られていませんが、24条も同時期からこれらと並ぶ主な改憲対象とされてきました。保守改憲勢力（政党や民間団体）は、個人をベースとする憲法が愛国心や家族・共同体の価値を損なわせたと批判し、家族主義に基づく24条改憲を強く訴えてきました（例：2004年6月の自民党政務調査会憲法調査会憲法改正プロジェクトチームの「論点整理」）。

　その声を見事に反映させた最たるものが、自民党の「日本国憲法改正草案」（2012年4月）です。同草案前文では国家が家族や社会の助け合いにより形成されることが謳われ、同草案24条では家族を社会の基礎的な単位とし、家族が助け合わなければならないことを盛り込んだ新設項（1項）の導入が提示されています。ここに、大日本帝国の家族国家観と同様の発想をみることができます。また、現行24条1項が婚姻成立の要件として規定する「両性の合意のみ」という表現から「のみ」が削除されています。原則自由な婚姻を認めなかった家制度時代への逆戻りを意図しているとしか思えません。家族の助け合いと聞くと、多くの人は当たり前と思うかもしれません。しかし、そこに落とし穴があるのです。家族の助け合いの名の下で、家族内での監視が可能となるからです。監視は従属的立場を強

学生らに日本国憲法起草当時の思いを語るベアテ・シロタ・ゴードンさん
(2001年5月9日、東京都目黒区の東大駒場キャンパス)。写真提供＝共同通信。

いられている者に最も大きな抑圧をもたらします。また、社会保障費の削減にも利用されかねません。

　安倍自公政権の下では、保守改憲勢力が理想とする、愛国主義と家族主義に支えられた強い軍事国家を目指して、憲法への緊急事態条項導入と長年の宿敵である24条の改憲が〈同時〉に行われる可能性が大いにあります。なぜなら、同政権が進める軍事主義に依拠した安全保障政策には、大日本帝国同様に監視体制が求められるからです。緊急事態条項により社会全体の統制を図り、助け合いの名の下で家族秩序を保つことができれば、万全な監視体制を築くことができます。したがって、緊急事態条項を問題化する際には、24条改憲との相乗効果の危険性を考える必要があるといえるでしょう。

参考文献

- ベアテ・シロタ・ゴードン(構成・文：平岡磨紀子)『(新装版)1945年のクリスマス——日本国憲法に「男女平等」を書いた女性の自伝』(柏書房、1997年)。
- 若尾典子「家族と人権——『家族』神話からの解放」石埼学・遠藤比呂通編『沈黙する人権』(法律文化社、2012年)84〜111頁。
- 辻村みよ子『家族と憲法』(日本加除出版、2016年)。

(きよすえ・あいさ)

第1部　緊急事態条項とは何か

6 緊急事態条項と安保法制（戦争法）

安保法制（戦争法）の発動で緊急事態が宣言され、「大統領的首相」が誕生する

清水雅彦　日本体育大学体育学部教授

1 ｜ はじめに

　安倍政権は多くの反対の声を押し切って、2015年9月19日に安保法制（戦争法）を制定しました。これにより、自民党の改憲案が成立していたら、戦争が始まったら首相が緊急事態宣言を発するかもしれません。このあたりのことを細かく見ていきましょう。

2 ｜ 安保法制（戦争法）とは

　安倍政権は、これまで積み重ねてきた集団的自衛権[1]などに関する政府解釈を、2014年7月1日の閣議決定で大きく変更しました。この閣議決定の大まかな構成は、①「武力攻撃に至らない侵害への対処」（離島警備への自衛隊の迅速な対応や平時における米軍等の防護など）、②「国際社会の平和と安定への一層の貢献」（米軍等他国軍隊への支援とPKO活動での任務・権限の拡大など）、③「憲法第9条の下で許容される自衛の措置」（「存立危機事態」での集団的自衛権の行使）です。そして、この閣議決定（さらに、閣議決定を超える内容も）を具体化するのが安保法制（戦争法）です。

用語解説

1 **集団的自衛権**：自国と密接な関係にある外国に対する武力攻撃を、自国が直接攻撃されていないにもかかわらず、実力をもって阻止する権利。国連憲章51条では、国連加盟国にこの集団的自衛権と個別的自衛権の行使を限定的に認めている。

安保法制(戦争法)によって、今後は武装集団の離島上陸に警察ではなく自衛隊が対応するといったグレーゾーン事態から、地球の裏側での米軍への戦争支援といったグローバル有事までの対応、PKO活動での駆け付け警護だけでなく国連が統括しない停戦監視・安全確保・人道復興支援活動等への参加や任務遂行のための武器使用、他国への攻撃により国の存立が脅かされる「存立危機事態」での集団的自衛権行使が可能になります。

3 │ 安保法制(戦争法)の問題点

従来、政府は戦力の保持を否認した憲法9条があるため、自衛隊は「実力」とし、いわば警察以上軍隊未満の組織ですから、自国が攻撃された場合の個別的自衛権しか行使できないとしてきました。集団的自衛権も行使できるとなると、自衛隊が欧米の「普通の国」の軍隊のようになってしまうことを意味し、憲法9条から出てくる論理ではありません。

やはり、このような問題は憲法の解釈変更や立法ではなく、憲法改正をしないとできないはずです。これは国政は憲法に則って行われなければならないという立憲主義に反するといえ、立法によって憲法規範を無視する「立法クーデター」のようなものです。

4 │ 国家安全保障会議と秘密保護法

第2次安倍政権は、2013年に「安全保障会議設置法等の一部を改正する法律」(「国家安全保障会議設置法」)を制定しました。これは、1986年に設置された従来の安全保障会議(首相と8人の閣僚から構成され、国防や重大緊急事態への対処に関する重要事項を、閣議より少数の構成員で迅速に審議できる組織。アメリカの国家安全保障会議〔National Security Council:NSC〕をモデルにした)を改組し、構成員を4人(首相、外務相、防衛相、内閣官房長官)に絞り込み、情報集約機能の強化と各省庁からの情報提供義務も課す組織とするものです。この会議は、閣議をより形式的なものにする可能性があります。

また、2013年には「特定秘密の保護に関する法律」(秘密保護法)を制定し、国家の防衛・外交・警察情報を行政機関が一方的に秘密指定し、この漏えいや取得行

⑥緊急事態条項と安保法制(戦争法) 25

為を最高で懲役10年に処することになりました。秘密を扱う者に対しては、身辺調査を行う適性評価制度も用意しています。本法によって、①主権者国民(憲法前文・1条)の知る権利(憲法21条)を制限し、②国家情報にアクセスするメディアの取材の自由・報道の自由(憲法21条)を制限し、③適性評価対象者のプライヴァシー権(憲法13条)を制限し、④国民の代表機関(憲法43条)である国会を構成する両議院の国政調査権(憲法62条)を制限し、⑤裁判になっても非公開で裁判することで裁判公開の原則(憲法82条)を崩し、⑥そもそも非軍事が原則の憲法の平和主義(憲法9条)を歪めることになります。

5 │ 国家安全保障会議＋秘密保護法＋安保法制(戦争法)＝？

ところで、1954年策定の自衛権行使の3要件の第1要件は、「我が国に対する急迫不正の侵害があること」という客観的概念です。しかし、先の閣議決定による自衛権行使の新3要件の第1要件は、「我が国と密接な関係にある他国に対する武力攻撃が発生し、これにより我が国の存立が脅かされ、国民の生命、自由及び幸福追求の権利が根底から覆される明白な危険がある場合」であり、これは誰かが判断する主観的な要件です。

ここで恐いのは、国家安全保障会議と秘密保護法と安保法制(戦争法)が連動した場合です。すなわち、内閣総理大臣が自衛隊の集団的自衛権行使に踏み切る場合(自衛隊法76条の防衛出動)、結局はどの国が「我が国と密接な関係にある他国」なのか、どのような事態が「我が国の存立が脅かされ……」といった「存立危機事態」なのかを判断しますが、その事態認定の情報が国家安全保障会議に集められても、秘密保護法によって国会にも国民にも公表されない可能性があります。

6 │ 「大統領的首相」へ

かつて中曽根首相は、トップダウンで首相が物事を決定する体制を作るために、「サッチャー首相のような『大統領的首相』[2]になりたい」と言っていました。安倍首相は、国家安全保障会議を設置し、国会で何度か自身のことを「立法府の長」と発言しています(首相は行政府の長であって、立法府の長は衆参両院の議長です)。こういった点から考えれば、自民党の緊急事態条項は安保法制(戦争法)の発動の際

26　第1部　緊急事態条項とは何か

オーストラリア北部フォグベイで行われた米豪軍事演習「タリマン・セーバー」の上陸訓練に参加する自衛隊員（2015年7月11日）。写真提供＝時事通信。

に「大統領的首相」を誕生させかねない改憲案であり、このような改憲を認めるわけにはいきません。

引用・参考文献

- 清水雅彦ほか編『秘密保護法から「戦争する国」へ』（旬報社、2014年）。
- 森英樹編『別冊法学セミナー　新・総合特集シリーズ6　集団的自衛権行使容認とその先にあるもの』（日本評論社、2015年）。
- 戦争をさせない1000人委員会編『すぐにわかる戦争法＝安保法制ってなに？』（七つ森書館、2015年）。

（しみず・まさひこ）

用語解説

2 **大統領的首相**：日本で大統領制を導入するには憲法改正が必要であるし、自民党は憲法上大統領を元首にしたくないので（天皇を元首として扱いたいので）、首相の権限を強化したい中曽根首相がこのような表現をした。

第1部　緊急事態条項とは何か

7 緊急事態条項と国会

国会は緊急事態を統制できるのか

馬場里美　立正大学法学部教授

1 ｜ はじめに

　政府を頂点とする行政がもつ権限は、通常、国民の代表者で構成される国会が制定する法律に基づいてはじめて行使できます。緊急事態条項は、国会によるそのような統制を一時的に緩めて、政府が広範な権力を行使できるようにするための条文です。しかし、もちろん無制約の権限が与えられるわけではありません。多くの国では、政府による緊急事態宣言に対して国会の承認を求めるなど、重要な部分を国会が統制する制度になっており、自民党改憲草案もまた、そのような規定になっています。

　けれども、同草案における国会の統制については、いろいろと問題も指摘されています。どのような問題があるのでしょうか。

2 ｜「法律の定めるところにより」

　自民党改憲草案では、首相による緊急事態宣言に対する事前または事後の国会の承認、緊急事態宣言の下で内閣が制定する政令その他処分に対する国会による事後承認が規定されており、一見、国会による統制が確保されているように思えます。しかし、よく見ると、いずれについても、具体的な期限などについては「法律の定めるところにより」となっており、明記されていないことがわかります。これでは、国会の承認が行われるまでの期間を長く設定したり、国会による不承認の決議の後、首相が緊急事態を解除するまでに長期の猶予期間を設けたりするなど、実質的には国会による統制を困難にするような法律が制定されてしまうかもしれません。

28　第1部　緊急事態条項とは何か

そもそも、国会の承認に限らず、同草案の緊急事態条項は、全体として具体的な定めをほとんど置かず、多くの部分を法律に委ねています。一口に緊急事態といっても、外部からの攻撃や災害など原因となる事象はさまざまです。このため、それぞれの内容に合わせて必要な対応をあらかじめ定めて備えることが望まれます。他方で、日本にはすでに、武力攻撃事態法や災害対策基本法など緊急事態に対応するための各種法律が整備されています。このような中で、あえて憲法を改正して、具体的な内容を法律に丸投げする緊急事態条項を新設することに、どのような意味があるのでしょうか。

近年無差別テロが相次いでいるフランスには法律に基づく緊急事態(「緊急状態」ともいう)制度があり、2015年11月のテロ以降、その適用が続いています。その中で、結局実現しませんでしたが、政府はその制度を憲法条項化しようとしました。さらなる人権の制約の根拠となることを危惧して多くの研究者がそれに反対する中で、賛成意見が強調したのは、憲法条項化により、法律の改正、つまり国会の単純多数による拙速な緊急事態法の改正を防ぎ、市民の権利や自由の保護に資するという点でした(この時、フランスでは人権をより制約する方向での緊急事態法の改正が繰り返されていました)。

このような観点から考えると、重要な部分をすべて法律に委ねる自民党改憲草案の規定に、果たして正当性があるといえるでしょうか。

3 ｜ 国会による統制の限界

フランスの緊急事態法でも緊急事態の期間について国会の承認が必要とされており、行政権に移譲される権限についても法律で定めることになっています。しかし、政府による緊急事態の延長の提案が国会により否決されたことはなく、行政権への権限移譲も拡大される傾向にあります。これに対して、国会が行政権に与えた権限の一部を憲法違反と判断して無効としたり、度重なる延長に警鐘をならしているのは憲法院(憲法裁判所)やコンセイユ・デタ(行政最高裁判所)なのです。

フランスの例が示しているのは、政府と同じ政治的機関である国会が、緊急事態を統制することの難しさだといえます。この点、自民党改憲草案では、国会以外の機関による統制が想定されておらず、加えて、緊急事態が宣言されている間、衆参両院議員の任期が延長され得るなど、国民の声も届きにくい仕組みになっている点には注意が必要です。

(ばば・さとみ)

第1部　緊急事態条項とは何か

8 緊急事態条項と災害

憲法は、災害対策の障害になるか

永井幸寿　弁護士

1 ｜ はじめに

　2016（平成28）年4月の熊本地震発生の翌日に菅官房長官は災害のために憲法に「緊急事態条項」、つまり「国家緊急権」を設ける条項を検討すると言明しました。阪神・淡路大震災(1995年)で事務所が全壊して以来、被災者支援活動を行ってきた者として以下に災害の現場に基づく意見を述べさせていただきます。

2 ｜ 日本国憲法の趣旨

　国家緊急権とは、戦争、内乱等の非常事態に、国家のために、「立憲主義」、つまり権力分立と人権保障を止めてしまうという制度です。人は生まれながら自由で平等な権利、つまり「基本的人権」をもっています。この人権を保障するために造られたシステムが国家です。そして、国家が強力になるとかえって人権を侵害するので、わざと3つに分割してお互いに邪魔し合うようにしたのが「権力分立」の制度です。国家緊急権はこの人権保障と権力分立を止めてしまうので権力の濫用がされやすい制度です。そこで、日本国憲法は国家による権力濫用の危険があることから国家緊急権をあえて設けていません。

　また、緊急時にはあらかじめ法律等で準備しておくというスタンスを取っています。

30　第1部　緊急事態条項とは何か

3 | 法律による制度

　災害ついては、日本の法律制度はものすごく整備されているのです。

　まず①権力を集中する制度として、大規模災害時に、国会閉会中または衆議院の解散中で臨時国会も参議院の緊急集会も請求できない時、内閣には緊急時の立法権が認められています。つまり、内閣は物資の配給、物の最高価格、支払い猶予等の4つの項目に限り罰則付きの政令を制定できます(緊急制令——災害対策基本法109条の2)。ただし、直ちに国会を召集して同意がないときにはこの政令は効力を失います。また、②大規模災害時には、内閣総理大臣には自治体や省庁に対する指示権が認められ、③防衛大臣の自衛隊派遣の権限や警察庁長官の警察統括権も総理大臣に集中します(大規模地震対策特別措置法13条、警察法72条)。

　他方で大幅な人権制限がなされています。ⓐ都道府県知事には、医療関係者、土木建築工事又は運輸関係者らを対して従事命令が発動でき、これには罰則が付されています(災害救助法7条1項、31条)。つまり、医師や看護師に対して被災地での医療行為を命じ、拒否すれば処罰されるのです。ⓑまた市町村長は、災害を受けた工作物または物件等に必要な措置をとることができます(災害対策基本法64条2項)。つまりがれきは所有者の同意なく撤去し、また破壊でき、市場価値がなければ廃棄できるのです。

4 | 災害対策の原則

　そもそも、災害対策の原則は「準備してないことは出来ない」ということです。国家緊急権は、災害が発生した後にいわば泥縄式に権力を集中する制度です。しかし、どのような強力な権力であっても事前の準備がなければ対処することはできないのです。東日本大震災で国や自治体の不手際がありましたが、ほとんどが適正な事前の準備をしていなかったことが原因です。

　たとえば、福島第一原発の近くの双葉病院では寝たきりの高齢者50人が避難前後に死亡しました。同病院は高齢者をバスで搬送しましたが目的地もわからない混乱状態で、何時間もの搬送後に到着したのが高校の体育館であり、そこには医療機器も薬品もなかったのです。この事件の原因は何でしょう。法律の制度は、国は防災基本計画の策定義務(災害対策基本法34条)、都道府県市町村は地域防災

⑧緊急事態条項と災害　31

計画の策定義務があり(同法40条、42条)、また、省庁や自治体には防災訓練の実施義務がありました(同法47条の2、48条)。しかし、日本では事実上原発事故は起きないことになっていたのです。そこで、自治体、国は、原発事故が発生した場合の、県境を越えた避難ルートの策定や、車両やドライバーの確保、避難後の医療施設や長期滞在住宅の準備を全くしていなかったのです。

5 │ 被災市町村の意見

では、被災自治体は国家緊急権についてどう考えているのでしょう。

2015(平成27)年7月から9月まで日本弁護士連合会は被災3県(福島、岩手、宮城)の市町村にヒアリングとアンケートを実施しました。その結果、国と市町村の役割分担については「原則として国が主導し市町村が補助する」というのはわずか4%で、「原則として市町村が主導して国が後方支援する」べきだというのが92%もありました。「災害には顔がある」と言われます。阪神・淡路大震災では死者の80%が圧死であり、関東大震災(1923年)では死者の80%が焼死であり、東日本大震災(2011年)では死者の80%以上が溺死でした。同じ災害は2つとありません。

また、同じ災害でも被災者のニーズは時間の経過によって刻々と異なってきます。このニーズが直ちに伝わり、これに対して最も効果的な支援が迅速に行えるのは被災者に最も近い自治体である市町村です。国が担当すると、公平性や画一性が求められることにより妥当性を欠くことになるのです。

原発間近の福島県浪江町では、津波で流された住民を救助し、夜になったので「明日助けに来るぞ」と呼びかけて撤退しました。ところが、翌朝内閣総理大臣が原発を中心に同心円で10キロに避難指示を出したので、線量が低く安全だったにもかかわらず被災者を目の前にして見殺しにすることになったのです。災害対策は市町村が主導し、国は人、物、金で後方支援することが必要なのです。

6 │ 災害対策の問題点とその対策

「東日本大震災で憲法が災害対策の障害になることが明らかになった」との意見があります。そこで前記アンケートで「憲法が災害対策の障害になりましたか」と

質問したところ96％が障害にならなかったと回答しました。なお、障害になったと回答した4％（1自治体）は、がれきの撤去で障害になったと記載していましたが、前記の通りがれきは災害対策基本法で処理できるのです。

　災害対策は過去の災害の充分な検証をもとにして策定するべきです。政府の「東京電力福島原子力発電所における事故調査・検証委員会」の最終報告書(2012年)には、災害対策に憲法が障害になった旨の記載はありません。むしろ、平常時の防災計画の策定や防災訓練を実施すべきだったとしているのです。また、提言として、憲法を改正することはもとより、政府に権力を集中することも、人権を大幅に制約することも書いていません。むしろ、県と市町村が連携して実効性のある体勢を構築すべきであるとしているのです。

　同様に国会の「東京電力福島原子力発電所事故調査委員会」の報告書(2012年)にも、憲法が障害になった旨の記載はありません。また、対策としては、原子力規制法の改正が提言されています。つまり、憲法の改正ではなく法律の改正が必要である旨述べているのです。そして新しい規制組織の設置を提言していますが、これには政府からの強い独立性を求めています。つまり、政府への権力集中とは真逆の提言を行っているのです。

　前記の通り、国の後方支援とは、人(専門性のある人材、職員)の派遣、物資の供給、そして何よりも金(予算)を送ることです。被災市町村の首長が口をそろえて言うのは予算の裁量権を認めてほしいということです。また、許認可権などの平常時の法律制度とその運用および省庁の縦割り行政によって、市町村の企画が実施できないということです。被災市町村は国との折衝に膨大な労力と時間を費やし、結局できないことも多く、首長はこの時間を住民に対して費やしたいのです。

　なお、市町村が機能しないときはどうなるかという質問がありますが、災害対策基本法ではこのようなときは都道府県知事が事務を代行する義務がある(73条)、また、市町村、都道府県が機能せず、被災者が広域に避難する場合は内閣総理大臣が代行する義務がある(86条の13)とされ法律で対処できているのです。

　「災害をダシに憲法を変えてはいけない」。これは被災者の言葉です。

（ながい・こうじゅ）

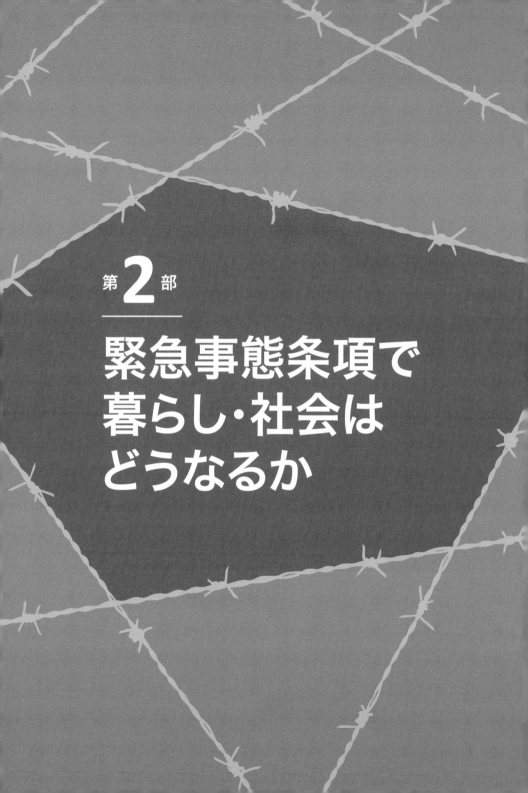

第2部
緊急事態条項で暮らし・社会はどうなるか

第2部　緊急事態条項で暮らし・社会はどうなるか

❶ 緊急事態条項と生活必需品

戦争で食糧不足になったら
国は助けてくれるの？

榎澤幸広　名古屋学院大学現代社会学部准教授

1 ｜ はじめに

　皆さんは毎日の食事をどうしてますか？　私は孤独のグルメ風に「今日は何腹かな？」と自分のお腹と対話しながら、コンビニやスーパーをハシゴし、食材やスウィーツなどを探す生活をしています。でも、緊急事態が生じた結果、この便利な状況がストップしたら……。コンビニ棚は何も無くなり、我々は好き嫌いなど言っておられず食料確保に奔走することになると思われます（この点は被災地の方々がすでに経験されていることでしょう）。ここでは、食料などの生活必需品が国家統制された戦時中・戦後の話からこの状況を考えてみたいと思います。

2 ｜ 戦時中の暮し

　「戦時中は食べる物がなかった」という話は誰もが知っていることでしょう（最近の朝ドラでもよく描写）。ではなぜなかったのでしょう？　たとえば、戦争が最も激しかった1944年辺りでは、国による食糧統制の結果配給が行なわれているので（1941年4月1日開始）、国民は決まった日時に食糧を確保に行くことになります。ちなみに、配給制以前も政府は節米や代用食の活用を推進したり、1939年9月1日から、毎月1日を質素な生活に努めるよう「興亜奉公日」にもしました。「贅沢は敵だ」のスローガンも有名です。

　話は配給時代に戻って、輸送船の多くが破壊された結果、外米など外部からの食糧確保が困難になり、もともと自給自足率が低かった日本は全体的に過度の食糧不足に陥ることになります。なので、栄養学に基づいた配給量も実行されず、

36　第2部　緊急事態条項で暮らし・社会はどうなるか

配給すら滞るようになったといいます(遅配や欠配)。国は食糧増産計画を推進し、あらゆる場所を畑にしました。それでも食糧は足らず、道端の雑草は重要なビタミン源で、昆虫は見た目が気持ち悪いなどと言っておられず重要なたんぱく源とされました。そのような慢性的な食糧不足の中、「生活の潤いは心の問題」だとする風潮も登場しました。

　しかし、配給に何時間も並び、そこで入手した食糧を加工・調理したり、隣組[1]の集会や戦争協力にも時間を使わないと仲間外れにされるので(要するに、配給日時を教えてもらえない仕組)、当時の人々は1日の大部分を食糧のために時間を割かざるをえなくなったのです。また、当時の日本は戦闘機の燃料確保にも事欠く位だったので、家庭にある鍋や包丁などあらゆるものが戦争用の道具にするために供出させられただけでなく、火の使用が厳格に制限され生食も推奨されることにもなりました。要するに、人々は食材調達も含めその日の料理をどうするか考え実行する自由を奪われたことになります。

3 ｜ 関連法令

　上記のような国民の暮しは数多くの法令に基づき規制されてきました。その中心にあるのが、明治憲法の非常事態条項をより強化させることになる「国家総動員法」(1938年)です(1945年6月には政府への授権範囲が更に広い戦時緊急措置法も公布)。国家総動員とは「戦時ニ際シ……国防目的達成ノ為国ノ全力ヲ最モ有効ニ発揮セシムル様人的及物的資源ヲ統制運用スル」ことを指し(1条。事変も同様)、このことから国家が生産・流通・価格などあらゆる経済活動にも介入するようになりました(統制経済)。具体的内容は勅令に多くが示され、生活必需品に関する例としては、価格等統制令(戦後は物価統制令)、白米禁止令(以上、1939年)、国民服令[2]、奢侈品等製造販売制限規則(以上、1940年)、生活必需品物資統制令、金属類回収令、物資統制令、農業生産統制令(以上、1941年)などが作られ、違反し

用語解説

1 **隣組**：国民統制のための町内会や部落会の下部組織。5軒〜20軒の近隣世帯を一組として、物資の供出や防空活動から相互監視まで行った。

2 **国民服令**：大日本帝国男子の国民服を決める法令で、おしゃれの自由が奪われた。

①緊急事態条項と生活必需品　37

た場合厳しい罰則も設けられました。また、国家総動員法とは毛色が違うと言う人もいますが、先の配給など戦時食糧統制に役立った食糧管理法（1942年）も存在しました。

4 │ 戦後直後の暮し

　それでは、敗戦後はどうだったのでしょうか？　1944年生まれの私の母は小学校の先生に「お前たちは何も食べるものがないから勉強できなくてもしょうがないんだ」と繰り返し言われたそうです。1950年代初頭の話ですが、母の実家は農家であったため、栽培した良い作物は皆農協に供出させられ、実家で食べるものはロクになく万年栄養失調の状態だったといいます。そのような状況下でも、初期の配給は国民に物資が行き渡らなかったり、配給されたとしても肥料用の豆かすの場合もあったといいます。そこで国民は政府取締の眼を買い潜って、食糧をどこかに調達に行ったり、闇市に行き何とか飢えを凌いだのです（この点、配給された物以外を入手すると処罰されましたし〔たとえば、飲食営業緊急措置令［1947年］〕、これらの食糧統制法を遵守し配給のみで生活していた裁判官が餓死した事例もある位です）。

5 │ 現在の法

　上記のような事例は、①この時代は軍事優先政策にすべてのベクトルが向いたため、食糧事情だけでなく、服装や言葉の使用に至るあらゆる国民生活が国家総動員法を中心にして統制されていたこと、②緊急事態が長期化すればするほど国民生活に我慢を強いることになること、③国家による食糧統制を遵守していたら餓死する可能性も高かったこと、④結果、生きるために法違反者が続出すること、⑤緊急事態終了後もそれと同じだけ復興に時間がかかり、①②③④と類似の状況が繰り返される可能性があることなどが読み取れます。

　それでは現在の法はどう示しているのでしょうか。1995年まで食糧管理法は存在していましたが、たとえば、武力攻撃事態等における国民の保護のための措置に関する法律の第5章は「国民生活の安定に関する措置等」について規定しています。その章の始まりの129条は、武力攻撃事態時に行政機関の長などが生活関

「国民栄養食の作り方」ポスターは、日本支配下の朝鮮半島（1910年～1945年）において、大日本婦人会慶尚南道支部によって1941年に配布、掲示されたものである。

米の不足を補うために「国民栄養食」という名前で混食を奨励している。当時の厚生省が作成に関わっていること、大政翼賛会や健康保険組合連合会が推薦するものであったことがわかる。また、大日本婦人会のような官製国民運動組織が、「内地」ばかりではなく朝鮮半島にも設立され、活動していたことも示している。

同じものは「内地」にも出回っていたことが、羽島知之編著『資料が語る戦時下の暮らし』（麻布プロデュース、2011年）42頁からわかる。ただし、「内地」に出回ったものは、左下の「大日本婦人会慶尚南道支部」の部分が異なっている。戦争が、市民生活の基本となる食料についても大きな影響を及ぼすことを示す資料のひとつである。現在、国によって推進されている「健康日本21」運動の広報資料などと比べてみるのも興味深い。
（釜山博物館所蔵、釜山近代歴史館〔日本支配下の朝鮮半島における国策会社である東洋拓殖株式会社の釜山支店の建物を利用〕にて展示）。解説：渡邊 弘。

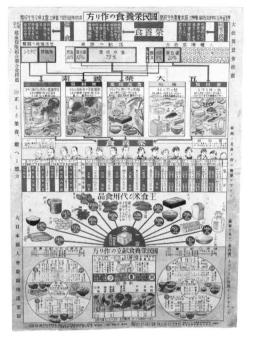

連物資等の買占めおよび売惜しみに対する緊急措置に関する法律・国民生活安定緊急措置法・物価統制令などの規定に基づいて、適切な措置を講じなければならないとしています。これは一見戦前の法令と類似しているようにも見受けられるものですが、皆さんはどう考えるでしょうか。また、自民党改憲案の緊急事態条項とこの法が連動した場合、どうなるのかも考えてみてください。

｜引用・参考文献

- カタジーナ・チフィエルトカ／安原美帆『秘められた和食史』（新泉社、2016年）。
- 暮しの手帖編集部編『戦争中の暮しの記録　保存版』（暮しの手帖社、1969年）。
- 斎藤美奈子『戦下のレシピ──太平洋戦争下の食を知る』（岩波書店、2015年）。

（えのさわ・ゆきひろ）

第2部 緊急事態条項で暮らし・社会はどうなるか ////

2 緊急事態条項と地震・天気予報

緊急事態が複数生じたら何が優先される？
被災地対策、それとも……

榎澤幸広　名古屋学院大学現代社会学部准教授

1 ┃ はじめに

　私は毎朝ニュースで必ず天気予報をチェックします。たまたまチェックし忘れた時、どしゃぶりの雨で大変な目にあったことがあるからです。皆さんはどうでしょう？　しかし、ある時を境に地震や天気予報について、気象庁もメディアも取り上げなくなったら……。普段は水や空気のように感じるこれら情報も無いと日々の生活に支障を来しますよね。ここではこれらの情報統制がなされた戦時中の事例を紹介し考えていきたいと思います。

2 ┃ 東南海地震と三河地震

　1943年から1946年まで毎年大地震が生じ多数の死傷者が出ました。この中の1944年12月7日午後1時36分発生の東南海地震、1945年1月13日午前3時30分発生の三河地震を取り上げたいと思います。前者はマグニチュード7.9、死者・行方不明者1,223人で、東海圏を中心に被害が集中したのに対し、後者はマグニチュード6.8、死者2,306人で、蒲郡市、碧南市、半田市など三河地域に大規模な被害を与えています。

　ただ、近年さまざまな研究者が、今後の南海トラフ地震などに備えるための比較材料という意味からも調査をしているのですが、当時の写真や資料があまりないし、統計データもまちまちで不明瞭であると述べています。これらの理由は、大規模な報道管制（国防保安法、軍機保護法、軍用資源秘密保護法、治安維持法など）が当時布かれていたためです。

40 第2部 緊急事態条項で暮らし・社会はどうなるか

たとえば、当時の大多数の新聞において、これらは報道されても一面には出ず（たとえば、12月8日の一面は3年前開戦の詔書を戴いた「大詔奉戴日」であったため、軍服姿の天皇の写真であった）、分量も少なく、被害数値などは軍事機密であるため正確かつ詳細に報道されていません（被害僅少とか最小限度という事実に反する報道）。なので、このような状況下では現代人にとり馴染みのあるボランティアや義援金など市民レベルでの外からの人的物的支援も難しくなります。ただ、現地の「中部日本新聞（現在の中日新聞）」は報道管制に触れない限りにおいて、被災者への生活支援情報を流すといった例外もありました。

　現地住民や学徒らも箝口令が敷かれ（学徒は家族に状況を伝えられない！）、情報統制の影響から、現地人以外は現地被害状況を知らず、彼らも自分の地域以外のことは知らされませんでした。結果、長野県諏訪市の住民は名古屋方面の地震と知らず1984年まで諏訪市を震源とする地震（「諏訪地震」と呼称）と思わされていたなんて例もあります。

　また、地震学者や中央気象台関係者らが行った調査資料が極秘とされ一般人の目に触れることもなかったですし、調査のための写真撮影においても憲兵や警察の許可を得ること自体が大変で、機密漏洩活動と解釈され、現場でカメラを取り上げられそうになった例もあるようです（伊藤和明「戦争に消された2つの大震災」地球306号〔2004年〕861頁）。

　被害程度は当局発表のものを扱わせ、事前検閲を行うなどの厳格な報道管制が布かれた理由と思われるのは、①敵国への情報漏洩阻止（たとえば、軍需工場の大規模な被災状況）、②被害を小さく見せようとしたこと、③国民の戦意喪失回避などがあげられます。

　ちなみに、天気予報や地図も戦時において重要な情報であるため、軍事機密とされました。天気予報がラジオや新聞から一切消えたのは日本が英米と開戦した1941年12月8日からです（ラジオでの天気予報再開は1945年8月22日）。このような報道管制によって国民は台風の進路や規模を知ることができなくなったため、たとえば1942年8月27日、山口県を中心として、死者・行方不明者1,158人を出すことになってしまいました（上記のような暴風警報に関しては一定の手続を経れば特例として実施可能だったようですが、その手続が複雑で機能しなかったようです）。

　ところで、政府が一番情報を知られたくない米国は先の地震情報と併せて日本の気象情報も正確に掴んでおり、災難を被ったのは国民だけであるという笑えな

い事実があります。

3 | 学徒動員の悲劇

　これら自然災害の悲劇を人災として増大させた理由の一つに学徒動員の例があります。

　熟練工が不足していく中、学徒動員は航空機などの生産数を一気に増産させることを意図したものですが、東南海地震の4カ月前の8月23日に法制化された「学徒勤労令」（勅令518号）は中等学校以上の学徒の勤労動員（青年学校の生徒を除く）の強化を図るために1年のうち4カ月の動員を示した諸要綱の内容を変え、通年動員させるというものでした（同日、「女子挺身勤労令」〔勅令519号〕も法制化されましたが、勤労動員の諸法令は翌年、国民勤労動員令に集約化）。軍需工場が集中する愛知県でも学徒動員がなされるのですが、たとえば、半田市の中島飛行機山方工場の建物が倒壊したことによって153人の死者のうち、全国から集められた96人の学徒が亡くなっています。①もともとレンガ作りの紡績工場を飛行機工場に転用し柱も何本か抜くなど耐震が意識されていなかったこと、②軍事機密保護の観点から出入り口を一つにし一人がやっと出入りできる位の広さであったこと、③秘密工場ゆえに戸が簡単に開かないこと、④地震時避難者がそこに集中している間にレンガが崩れ下敷きになった者が多数出たことなどを理由としてあげることができます。ちなみに、三河地震では、集団疎開の児童が多数犠牲になっています。

4 | 自民党改憲案に戻って

　首相らは会見など口頭では"大災害対応"のためと（「お試し改憲」という言葉も使いながら）緊急事態条項の必要性を繰り返し強調するのですが、改憲案98条1項に列挙される緊急事態は、①我が国に対する外部からの武力攻撃、②内乱等による社会秩序の混乱、③地震等による大規模な自然災害、④その他の法律で定める緊急事態という並びで戦争や内乱が先になっています。先に書いてあるものを重要視し優先するという考え方がありますが、それに従うならば、彼らの発言と改憲意図は矛盾していることになります（改憲案作成は東日本大震災の翌年の2012

1944年東南海地震で亡くなった中島飛行機山方工場の動員学徒を追悼した半田市雁宿公園内の殉難学徒之像（2017年4月5日、撮影＝榎澤）

年）。ということは、複数の緊急事態が同時期に発生した場合、戦前のように優先順位がつけられるということにはならないでしょうか。また、現代版軍機保護法と言われる特定秘密保護法は地震や天気情報をどう位置づけるのでしょうか。日常生活に直結する問題として考える必要があるかもしれません。

| 引用・参考文献

- NHK「戦争証言」プロジェクト編『証言記録市民たちの戦争 2』（大月書店、2015年）。
- 山下文男『太平洋戦争史秘録 隠された大震災』（東北大学出版会、2009年）。
- 「1944年東南海地震と1945年三河地震（上）（下）」地球305・306号（海洋出版、2004年）。
- 木村玲欧『戦争に隠された「震度7」——1944東南海地震・1945三河地震』（吉川弘文館、2014年）。

（えのさわ・ゆきひろ）

第2部 緊急事態条項で暮らし・社会はどうなるか

3 緊急事態条項と小学校・中学校・高等学校

学校で、子どもが主人公じゃなくなる？

安原陽平 沖縄国際大学総合文化学部講師

1 はじめに

　みなさんは、小学校・中学校・高等学校（以下、学校）をどのような場所と考えていますか。おそらく、児童・生徒（以下、子ども）たちがいろいろなことを学ぶ場所と答える人が多いのではないかと思います。

　憲法改正で新設が目指されている緊急事態条項との関係で、学びの場である学校はどのような影響を受けるのかをここでは考えてみましょう。

2 学校では子どもが主人公

　憲法26条では教育を受ける権利が定められており、教育は義務ではなく権利だということが確認されています。旭川学テ事件（1976年5月21日）で最高裁は、教育を受ける権利の背後には学習権という考え方があるとしました。教育においては、子どもが学びを通して、一人の人間として成長・発達し、人格を完成することが重要であり、子どもがなによりも主人公という考えです。国、地方公共団体、教育委員会、学校、教師、保護者等は脇役で、学習権が保障されることを第一として教育に携わることとなります。

　緊急事態条項の考え方は、このような考え方と相容れづらいです。というのも、緊急事態が宣言されれば、人権保障や権力分立が弱められた上で、国や公の機関の指示に従うことが求められます。子どもも含めた市民が、国などの指示を受ける立場になります。学校の場で主人公だった子どもは、脇役へと追いやられる可能性が出てきます。

3 ｜ 国が主人公——戦時下の教育

　学校で、子どもではなく、国が主人公だった時期が日本にはあります。とくに戦争がひどくなった時期にその特徴は顕著でした。その際、大きな役割を果たしたのが、12の徳目で構成される教育ニ関スル勅語（1890年）、いわゆる教育勅語です。親孝行しましょう、勉学に励みましょうなどに加えて、「一旦緩急アレハ義勇公ニ奉シ以テ天壌無窮ノ皇運ヲ扶翼スヘシ」、すなわち危機のときには尽力して天皇の国を支えましょうといった内容が含まれていました。

　戦争の激しくなった1941年に出された国民学校令施行規則では「教育ニ関スル勅語ノ旨趣ヲ奉体シテ教育ノ全般ニ亘リ皇国ノ道ヲ修練セシメ」とあるように、教育勅語の考え方が教育全般にわたることが意識され、天皇のため、戦争のための教育が進められました。以下、教育実践について具体的に見てみましょう。

　教科教育、たとえば、算数では『カズノホン』などが教科書として使われました。戦闘機や戦車などが登場し、どちらが多いかを数える項目があります。他国のものと思われる戦闘機よりも、日の丸のついた戦闘機の方が多く描かれています。また、『カズノホン』（教師用）には、理数科指導上の注意事項として、「皇國ノ道の修練といふ全體目的を常に念頭に置いて理数科の指導に當たること」と記されています。

　音楽では、『うたのほん』が使われました。「きげん節」「軍かん」「おもちゃの戦車」「兵たいさん」など天皇や戦争に関わる歌が比較的多く採用されています。その他の教科では、たとえば体育では時間数が増え、集団訓練などが強く意識されました。国の考えが比較的反映されやすい国史、地理、国語などは、言わずもがなでしょう。

　教科外では、御真影（天皇・皇后の写真）や教育勅語を置く奉安殿が各学校に設置され、その前を通る子どもたちは最敬礼しなければなりませんでした。また、天長節（天皇の誕生日を祝う日、昭和天皇の誕生日は4月29日、現在の昭和の日）、紀元節（2月11日、現在の建国記念日）、陸軍記念日（3月10日）、海軍記念日（5月27日）などの記念日も、学校行事で重要視されました。

　戦争がより激しくなると学校での教育が成立しづらくなります。中学生の子どもたちは軍事関係の工場で働くことを強いられます。もう少し年齢の低い小学生の子どもたちは、実家の農業を手伝うなどしました。空襲の危険がある地域の小学生は、学童疎開を経験しています。

③緊急事態条項と小学校・中学校・高等学校　45

また、学校に軍が駐屯したという事例もあります。校長室や教室を軍の部隊に提供したり、軍への協力を求めるため軍と教師の懇親会が開催されるなど、学校は、教育だけではなく、軍の機能も一部担うこととなりました。子どもたちとの関係では、軍馬のための干し草を持参させて協力させていることなどが記録に残っています。

そのほか、空襲警報で避難し授業が遅れたときは、家庭学習や自習で補われるなどしました。

戦時下の教育においては、子どもが主人公とはとても言えませんでした。

4 │ 主人公の座を奪われつつある子ども

緊急事態条項を憲法に新設するという考え方には、国が国民をコントロールするという考えが少なからず含まれています。教育の現場ではすでに、このような考えが現れているシーンをいろいろな場面で目撃します。

たとえば、2018年4月から小学校、特別支援学校小学部で、2019年4月から中学校、特別支援学校中学部で、道徳が教科となります。教科になることによって、国の検定に合格した道徳の教科書が登場し、授業で使用が義務づけられることとなります。果たして、個人の判断に委ねられる価値観を多分に含む教科書の合否を政府が判断することに正当性はあると言えるでしょうか。また、学習指導要領では、「学校の教育活動全体を通じて行う道徳教育の要である道徳科」という位置づけが与えられていることも見逃せません。まるで、教育勅語の考え方を主に伝えていた戦前の修身科のようです。なお、高校には道徳はありませんが、高校版道徳といわれる「公共」が2022年度より新設予定です。

他の教科教育に関しても国は関与を強めています。2014年1月17日に教科書検定基準が一部改定され、社会科固有の条件として「閣議決定その他の方法により示された政府の統一的な見解」を取り上げることが求められています。そのほか教科書検定に関しては、第二次大戦時沖縄での集団自決について、日本軍による強制の部分が削除され問題となりました。教科書を通じて国のメッセージを子どもたちに伝えたり、国にとって不都合な情報を教科書から無くそうとする動きと言えます。

教科外の問題としては、入学式・卒業式などの日の丸掲揚、君が代斉唱問題が代表的です。1990年代頃まで子どもたちを主体とした各学校独自の式典が行わ

れていたのに対し、現在ではかなり形式張った式が増えています。日の丸を壇上の真正面に掲げ、君が代は参列者全員が起立して心を込めて歌うことが求められるようになりました。国歌斉唱時に起立斉唱するよう教師に対して職務命令が出され、従わない教師たちは処分されるなどしています。この儀式をして国家忠誠宣誓儀式と呼び、非難する人もいます。

　現在、憲法上緊急事態条項はありません。しかし、緊急事態条項の背後にある国が国民をコントロールするという考えはすでに教育現場に現れてきています。学校で、子どもは主人公の座を奪われつつあります。もし憲法上緊急事態条項が新設され緊急事態が宣言できるようになれば、その時国は再び教育で主人公を演じるようになるかもしれません。

｜ 引用・参考文献

- 岡野薫子『太平洋戦争下の学校生活』（平凡社、2000年）。
- 千葉県歴史教育者協議会『学校が兵舎になったとき』（青木書店、1996年）。

（やすはら・ようへい）

教育ニ関スル勅語（教育勅語）

（原文は、縦組で、「――顕彰スルニ足ラン」までと日付と署名捺印のみが分けられ全てつながっている。読みやすくするために／で区切った）

朕惟フニ我カ皇祖皇宗國ヲ肇ムルコト宏遠ニ德ヲ樹ツルコト深厚ナリ／我カ臣民克ク忠ニ克ク孝ニ億兆心ヲ一ニシテ世世厥ノ美ヲ濟セルハ此レ我カ國體ノ精華ニシテ教育ノ淵源亦實ニ此ニ存ス／爾臣民父母ニ孝ニ兄弟ニ友ニ夫婦相和シ朋友相信シ恭儉己レヲ持シ博愛衆ニ及ホシ學ヲ修メ業ヲ習ヒ以テ智能ヲ啓發シ德器ヲ成就シ進テ公益ヲ廣メ世務ヲ開キ常ニ國憲ヲ重シ國法ニ遵ヒ一旦緩急アレハ義勇公ニ奉シ以テ天壤無窮ノ皇運ヲ扶翼スヘシ／是ノ如キハ獨リ朕カ忠良ノ臣民タルノミナラス又以テ爾祖先ノ遺風ヲ顯彰スルニ足ラン
斯ノ道ハ實ニ我カ皇祖皇宗ノ遺訓ニシテ子孫臣民ノ倶ニ遵守スヘキ所／之ヲ古今ニ通シテ謬ラス之ヲ中外ニ施シテ悖ラス朕爾臣民ト倶ニ拳拳服膺シテ咸其德ヲ一ニセンコトヲ庶幾フ
明治二十三年十月三十日
御名御璽

第2部　緊急事態条項で暮らし・社会はどうなるか

❹ 緊急事態条項と大学

緊急事態宣言下でも研究の自由は守られるのか？

石川裕一郎　聖学院大学政治経済学部教授

1 ｜ はじめに

　大学とは、「学術の中心として、広く知識を授けるとともに、深く専門の学芸を教授研究し、知的、道徳的及び応用的能力を展開させることを目的とする」（学校教育法83条）機関、要するに「学問」をする場所です。ところで、学問は、既存の考え方や常識を疑うところにその本分があるため、時の権力者や多数派から危険視され、禁止されることさえあります。それゆえ、日本も含めた現代の多くの自由主義国家では「学問の自由」が憲法や法律で保障されています。では、自民党の「日本国憲法改正草案」（2012年発表）にあるような「緊急事態条項」が現実のものとなったら、大学や学問にどのような影響が表れるでしょうか。

2 ｜ 大学に対する国家権力介入の歴史

　まず、日本における「学問の自由」の歴史について確認しましょう。戦前の日本にも「学問の自由」という観念は一応あったのですが、それは国家権力によってしばしば侵害されました。そしてその侵害の度合は昭和に入ってから激しさを増し、1945年の大日本帝国瓦解まで続くことになります。その代表例が、天皇を国家の一機関と位置づけた学説が国体に反するとされ、その主導者である美濃部達吉・東京帝国大学教授の著書が発売禁止処分となり、美濃部教授自身もすべての公職から追放された天皇機関説事件（1935年）です。

　このような学問に対する国家権力の攻撃が強まるのと並行して、軍事技術研究や国家主義教育に大学が協力させられる場面も増えてきました。たとえば、太平

48　第2部　緊急事態条項で暮らし・社会はどうなるか

洋戦争中の1942年、東京帝国大学は兵器開発を目的とした第二工学部を設置しています。同様に京都帝国大学では、理学部のある研究室が旧日本海軍から原子爆弾開発を依頼され、また、日中戦争が始まった1937年には文学部に「日本精神」振興を企図した「日本精神史講座」が設置されています。

3 | 日本国憲法と学問の自由

こうした戦前への反省を踏まえ、敗戦から5年後の1950年、日本学術会議は「戦争を目的とする科学の研究には、今後絶対に従わないというわれわれの固い決意を表明する」との声明を発表、1967年にもそれを再確認しました。そして、このような学界の決意を擁護するのが「学問の自由は、これを保障する」とする日本国憲法23条です。とても簡潔な条文ですが、その内容としては普通「学問研究の自由」、「研究成果の発表の自由」、「研究成果の教授の自由」が挙げられます。それに加えて同条は、研究教育がなされる場の多くは大学であることに鑑み、「大学」という制度そのものの自律性、すなわち「大学の自治」をも保障すると解されています(東大ポポロ事件〔最大判1963年5月22日〕)。

関連して、大学はしばしば既存の体制・権力に対して批判的な態度をとるため、とりわけ警備公安警察の監視下に置かれることがあります。この点について、令状主義に則った大学内における犯罪捜査活動は大学関係者の立会いの下に認められるにせよ、憲法23条の趣旨に鑑み、大学に対する警備公安活動は許されないと解すべきです。同様に、大学当局の要請がないにもかかわらず警察独自の判断で大学構内に立ち入ることは、原則として許されないと考えるのが相当でしょう。

4 | 緊急事態条項と大学

では、自民党改憲草案にある緊急事態条項(98・99条)が憲法に挿入されたら、いったいどのような影響が大学に及ぶでしょうか。もとより緊急事態条項に「大学」とか「研究」という言葉は直接登場しません。しかし、「緊急事態の宣言が発せられた場合には、何人も、法律の定めるところにより、当該宣言に係る事態において国民の生命、身体及び財産を守るために行われる措置に関して発せられる国その他公の機関の指示に従わなければならない。この場合においても、第14条、

第18条、第19条、第21条その他の基本的人権に関する規定は、最大限に尊重されなければならない」という文言（99条2項）があります。この、国その他公の機関の指示の対象となる「基本的人権に関する規定」には当然23条も含まれているでしょう。その「指示」が具体的にどのようなものとなるかは想像の域を出ませんが、「緊急事態」という大義名分の下、大学を始めとする研究機関が政府の直接的な命令に縛られることは想像に難くありません。

　ところで、この文言は、既に武力攻撃事態法（2003年制定）3条5項において先取りされています。同様に、国民保護法（2004年制定）4条1項の「国民は、この法律の規定により国民の保護のための措置の実施に関し協力を要請されたときは、必要な協力をするよう努めるものとする」という文言も、学問の自由に対する大きな制約となりえます。なお、同条2項は「前項の協力は国民の自発的な意思にゆだねられるものであって、その要請に当たって強制にわたることがあってはならない」としますが、これでは到底歯止めにはならないと思われます。

5 ｜ 大学に対する国家権力の介入は今も進んでいる

　ところで、大学に対する国家権力の介入は、実は現在徐々に進行しています。その一例は、2016年の馳浩文部科学大臣（当時）の「国立大として運営交付金が投入されている中であえてそういう表現をする（＝卒業式などで国家斉唱をしない方針を示す）ことは、私の感覚からするとちょっと恥ずかしい」との発言です。この時は直ちに多くの大学人、さらには世論からも疑義が呈されたため、これ以上問題は大きくなりませんでした。しかし、今後「国費が投入されている大学が政府の方針に従うのは当然」という粗雑な言説が形成された場合、今の日本の大学がそれに抗えるか甚だ心許ないものがあります。

　また、安保法反対の声が全国的に高まった2015年、三重県津市立の三重短期大学の教員たちが同法の違憲性を訴える「有志の会」を結成したこと等について、同市議会で保守系の市議が「公務員に対する政治的中立と政治活動禁止を定めた教育基本法違反」と追求するという事件がありました。しかし、いみじくも同大の学長が述べているとおり「［有志の会の教員たちの］活動は研究活動の一環で、憲法が保障する学問の自由に照らして政治的中立性に抵触しない」ものです。それにもかかわらず、この有志の会に参加した教員の一人が憂いているように「社

会科学の領域に無色透明の言説と実学的貢献だけが求められるなら、政府の公式見解しか残らなくなる。なのに『中立』の言葉が一人歩きして特定の言論を制約するマジックワードになっている」という嘆かわしい現実が今の日本にはあるのです（2016年5月7日付『京都新聞』を参照）。そして、「平時」の今でさえそうなのですから、「緊急事態」下においては一体どうなるのか、想像するだけで背筋が寒くなります。

　それと並行して、「軍事」が研究の分野に静かに近づいています。その一例が、大学等の研究機関を対象とした防衛装備庁の「安全保障技術研究推進制度」です。その予算額は、2016年度は6億円でしたが、武器輸出推進を目論む自民党国防部会の提言もあり、2017年度案ではなんとその18倍、110億円に達しようとしています。個々の大学でみると、明治大学、法政大学、関西大学のように同制度への応募を禁じる大学がある一方で、本制度を研究費獲得の有効な手段と考える大学もあり、その対応は割れているのが現状です。参考までに、本制度が導入された2015年度と2016年度の2年間で大学からの応募は81件あり、そのうち防毒マスクになりうる素材の研究等9件が採択されています。なお、日本学術会議は、2017年3月24日に幹事会において「軍事的安全保障研究に関する声明」を正式決定し、先述した過去の2つの声明で示された基本姿勢を継承する旨を明らかにしています。

　この制度の利用は、もちろん大学に対する「義務」でも「強制」ではありません。しかし、大学がこのような制度を無視できない背景には、大学の研究費が年々減り続けているという事実があります。とくに国が支出する国立大学の運営費交付金は、この10年間で1,194億円ほど減少しました。このような苦境にある今の日本の大学にとって、防衛省の制度が魅力的に映っても不思議ではないでしょう。しかし、その危険性に大学が無自覚になってしまったら、「緊急事態」下において大学が国家権力に対して毅然とした態度をとることは一層困難となるように思われるのです。

（いしかわ・ゆういちろう）

第2部　緊急事態条項で暮らし・社会はどうなるか

5 緊急事態条項とマスメディア

戦争に協力した老記者は言った
「あなたも書く。それが戦争だ」

徘住嘉文 北海道新聞記者

1 ｜ 記者が強制連行された

　すでに緊急事態は始まっています。

　2016年8月20日、沖縄県東村高江。米軍北部訓練場ヘリコプター基地着工に抗議する県民ら約50人が、県道に座り込んでいました。やがて警察の「ごぼう抜き」が始まります。少し離れた県道脇に、警察バスを並べて囲いを造り、そこに連行するのです。その中に、2人の記者がいました。琉球新報の女性記者は、カメラに腕章をつけ写真を撮っていると、突然羽交い締めにされます。警戒中の弁護士が「記者だぞ」と抗議し、解放されますが15分後、また捕まります。

　沖縄タイムスの記者も4人がかりであっという間でした。抗議していったん解放されますが、そこで球新報記者の連行を目撃します。「記者ですよ」と叫ぶと、また拘束です。

　沖縄県警と県公安委員会は、日本ジャーナリスト会議が派遣した沖縄・高江取材妨害調査団にこう答えました。「（反対派を）交通安全と交通秩序回復のため安全な場所に移動させた」。「警察法、警察官職務執行法及び刑事訴訟法の関係規定全体の主旨から現行犯罪を制止するため強制力の行使が許容されるとの裁判例が確立している」。そして「取材中の記者と認識した上で規制することはない」としつつ、「報道関係者が違法状態の場合は、同様の措置を講じている」。池田克・沖縄県警察本部長は県議会で「腕章をしていなかったので記者と見分けがつかなかった」と答弁しました。

　記者の仕事を理解していないか、認めたくないか、どちらかでしょう。記者とは、市民の知る権利に奉仕する仕事です。知る権利は民主主義の根幹です。だか

52　第2部　緊急事態条項で暮らし・社会はどうなるか

米軍ヘリパッド基地建設に反対する県民らの座り込みを排除する警察。反対派は非暴力で抵抗する。
2016年11月28日、沖縄県東村高江。撮影・佐住嘉文。

ら現場で何が起きているのか、取材するのは記者の特権ではなく責務です。自由を奪われては責務を果たせません。警察の法的根拠は曖昧ですし、腕章の有無を視認できないようでは、普通の捜査もできないでしょう。

2 ｜ 米軍が主導

　沖縄では、米軍による取材妨害も日常です。2004年8月13日、米軍ヘリコプターが沖縄国際大学に墜落しました。基地の外なのに武装米兵が現場を封鎖しました。記者も大学人も立ち入り禁止です。米軍より先に学内に入ったテレビ局取材陣は、出る時、米兵にカメラを奪われそうになります。しかしこの時は、市民が米兵を取り囲み取材陣を逃がしました。沖縄では憲法より日米安保条約が上位と言われる所以です。

　緊急事態が想定する戦争、災害は、日米同盟そのものです。日米同盟を巡っては、戦時に自衛隊が米軍の指揮下に入るか否かが、長年の論点です。沖縄で起きていることを考えれば、米国主導で報道規制が進むでしょう。沖縄の全国化です。

　海でも2015年1月20日、名護市辺野古沖で、米軍新基地建設に反対する市民らの抗議船に、巡視船から海上保安官が乗り移りました。映画監督、影山あさ子さんに馬乗りになり、撮影を妨害しました。約1カ月後、海上保安庁は過剰警備

⑤緊急事態条項とマスメディア　53

を伝える沖縄タイムス、琉球新報を「誤報」とする会見を開きました。2紙は呼ばずに本土メディアだけを集め……。

　自民党憲法改正草案は、緊急事態でも「基本的人権は、最大限に尊重」とうたいます。しかし沖縄2紙の記者は今でも「違法状態」だというのですから逮捕されるかもしれません。しかも、2紙は連日、チームで取材しています。「組織的、長期継続的な違法状態」とされ、発禁処分に遭うかもしれません。基地を撮影していた影山監督は、秘密保護法違反に問われるかもしれません。1941年、北海道大学生だった宮沢弘幸さんは、海軍根室飛行場の存在を、北大の米国人教師に漏らしたなどとして軍機保護法違反で懲役15年の刑を受けました。根室飛行場は、町の要覧に載るなど天下公知でしたが、裁判所は「公知でも海軍が秘密と言うなら秘密だ」と判示しました。昔の話だ、では済みません。極東軍事裁判で、戦犯たちは「自分に権限はなかった」「個人的には反対だったが、組織の中では仕方なかった」と弁解しました。今も、同じ言葉をよく聞きませんか？　戦中の暗黒裁判はほとんど取り消されてもいません（第2部**17**）。

3 ｜ 緊急事態で報道協定

　緊急事態で予想されるのは報道協定です。誘拐事件などでおなじみです。

　2004年、防衛庁は日本新聞協会、日本民間放送連盟と「イラク人道復興支援の取材申し合わせ」を結びました。イラクに派遣された自衛隊の取材を制限する代わり、政府が説明責任を果たす約束です。ところが2009年、民主党政権になって、航空自衛隊が判明しているだけで17,700人の米兵を運んでいたとわかりました。憲法違反なので、自公政権時代は隠していました。

　こうしたウソは権力の常ですが、2014年、国の中央防災会議（会長・安倍晋三首相）は、既存メディアを信用できないから国自ら情報発信すると「大規模地震防災・減災対策大綱」で決めました。まず、応急対応に支障を生じないよう記者の立ち入り禁止範囲を決める旨を明記しました。「被災者への取材や報道によって精神的なストレスを与える場合もある」「被害の状況が過剰に捉えられる恐れがある。国内外に偏向的な被災情報が流れることは、大きな誤解を招き経済的にも大きなダメージ」なので国自ら発信するというのです。まるで国の国による国のための広報です。

54　第2部　緊急事態条項で暮らし・社会はどうなるか

4 | 安倍首相に跪くマスコミ

しかし最大の懸念は、「報道の自粛」「萎縮」などと意気地のない言葉で糊塗される「伝える責務の放棄」「知る権利の破壊」です。

2014年、札幌の私立北星学園大学は、右翼から「元朝日新聞記者の非常勤講師、植村隆を解雇しなければ大学を爆破する」などと脅されました。植村氏の高校生の長女も「自殺に追い込む」と攻撃されました。ところがマスコミは全く報道しません。脅しの理由が、朝日時代の日本軍「慰安婦」の記事だったからです。この年の8月、朝日新聞が、植村氏とは別の慰安婦の記事を誤報として取り消しました。すると安倍晋三首相、読売、産経両新聞、右翼が激しい朝日批判を始めます。不買運動も起きます。私が北海道新聞に書こうとした北星大の記事も「朝日が火だるまになっているとき、道新が全身に油を塗って跳び込めと言うのか」とボツにされました。

安倍首相は、日本の戦争責任を熱心に報道してきた朝日新聞などのマスコミを批判してきました。一方、読売新聞、産経新聞、日本テレビ、フジテレビなど親しいメディアには、よく登場します。安倍首相の応援団がNHKの経営委員にもなりました。

その結果、真実かどうかではなく、「安倍首相が事実として広めたいこと」が報道されるようになりました。東京オリンピック・パラリンピック誘致のため東京電力福島第一原発事故の放射能を「アンダーコントロール」と言ったのが典型です。2016年12月13日、沖縄県名護市の岩場で胴体が3つに割れ大破した米軍のオスプレイが見つかりました。この時も地元2紙は「墜落」と報じましたが、本土のマスコミは、米軍や政府の発表通り「不時着」と書きました。

日本の報道人は、戦中は軍部、戦後はGHQの言論統制に服しました。戦中は、むしろ積極的に侵略戦争を推進した面すらあります。戦後も、多くの新聞は、敗戦前の名前を変えずそのまま発行し続けています。政党が解党して出直したのと対照的です。北海道新聞労働組合は戦中、なぜ先輩記者たちが戦争協力の記事を書いたか、『記者たちの戦争』（径書房・1990年）にまとめました。あるOBはこう述懐します。「（同じ状況におかれたら）あなたも書く。それが戦争だ」。緊急事態の改憲は、それへの第一歩です。

（とこすみ・よしふみ）

⑤緊急事態条項とマスメディア　55

第2部　緊急事態条項で暮らし・社会はどうなるか

⑥ 緊急事態条項と集会・デモ・労働組合活動

「普通の一般的集会だったら心配ない」のか

奥田喜道 青山学院大学非常勤講師

1 ｜ はじめに

　毎日さまざまなところでいろいろなテーマについての集会が開かれています。同様にさまざまな社会的課題についてのデモが行われています。また、雇用状況が悪化してきている現在では、ますます労働組合の重要性が高まっています。また、社会運動にとって集会やデモは非常に重要な手段ですし、労働組合は社会運動の重要な担い手の一つでもあります。ここでは、それらの重要性と緊急事態条項が憲法に置かれてしまった場合の問題を紹介していこうと思います。

2 ｜ 集会

　諸外国と同じように、日本社会にもさまざまな社会的な問題、経済的な問題、政治的な問題があります。そういった問題に対応するために行われるのが集会です。市民は集会で報告をし、報告を聞き、参加者と議論をして情報を収集しつつ、意見を形成しますし、これは世論の形成にもつながっていきます。もちろん、世論の形成は集会だけでなく、マスメディアやSNS、政党内や議会などさまざまな回路を通じてなされますが、それらの回路の重要な基礎にもなっているのが集会なのです。この集会の自由は憲法21条1項によって明確に保障されています。

　社会的なことについてさまざまなことを知り、理解することは1人でできることではありません。コミュニケーションが必要になります。社会的な課題についての集会は、普通同じ方向の意見について検討したり、結束を強めたりするものです。しかし、仮に同じ方向の意見をもつはずの人たちであっても、なにが正確

なことなのかを、事情を詳しく知っている人に話してもらわないとわかりません
し、それでわかったことからさらに知りたいことをお互いに聞いてみないと理解
も進みません。社会的問題について、最も効率的で実効的な情報収集、意見形成
の手法であり、場であり、コミュニケーションであるものが集会であると言えま
す。ただそれだけに、権力をもっている側にとっては都合の悪い場合はつぶした
くなるものでもあります。

　そうした集会は、さまざまな場で行われますが、さまざまな人々が参加する集
会は多くの場合、公民館や公園、会議場やホテルなどのホールで行われます。そ
のため、権力者がそうした集会と見解を異にしている場合には、会場の使用を制
限して、場合によって使用そのものを認めないことによって、世論形成を阻もう
とすることもありえます。緊急事態条項が憲法に加えられれば、その危険性はな
おさら高まります。

　ここで少しややこしい問題があります。差別煽動団体などの公共施設やホテル
の集会での利用をその人権侵害的活動を理由に認めないことが集会の自由の侵害
にあたらないかということです。差別煽動の表現や集会はたしかに表現や集会な
のかもしれませんが、人種差別撤廃条約[1]でも「本邦外出身者に対する不当な差別
的言動の解消に向けた取組の推進に関する法律」(ヘイトスピーチ対策法)[2]でも認
められておらず、いわば表現の自由の埒外にある行為であると言えます。ですの
で差別煽動を理由に公共施設の利用を許可しないことが、差別煽動集会のために
利用をみとめることより優先されます。ただこの場合も注意すべきなのは、まっ
たく差別煽動活動などしていない正当な活動についての集会を、あたかも差別煽
動のための集会だということにして制限しようとする可能性があることです。

用語解説

1　人種差別撤廃条約：国連で1965年に採択、1969年に発行した包括的な差別禁止条約。
　　人種、民族や出自などの社会的差別を撤廃するために、加盟国に法律による差別禁止、
　　積極的差別是正措置、教育を義務づける。

2　ヘイトスピーチ対策法：在日外国人とのその子孫に対する不当な差別扇動表現を防止、
　　解消、予防するために国にそのための施策実施の責務を、地方自治体に施策実施の努
　　力義務を定める。理念法であり、差別言動に対する罰則規定はない。

3 | デモ

　デモ（デモンストレーション）は、公道や公園など公衆に開かれている場所で、社会的、経済的、文化的、政治的問題について社会に向かってアピールすることによって世論を喚起し、支持を集めるために行われる集団的表現行為であり、集会です。複数の人が集まってアピールしているという所に意味があります。それゆえに、憲法21条1項は集団的表現行為であるデモの自由を保障しているのです。

　会議場等で行われる集会と同様にデモは重要な政治的表現手段、コミュニケーション手段です。ただ、集会の場合とは違って、議論を道路や公園（また公道などに準じる場所）でするのではなく、広く公衆に訴えることによって社会全体に議論を起こさせるというより幅広い政治的コミュニケーションだと言えます。

　デモは以上のような性格を持っていますので、直ちに立法や法改正などの制度的な政治決定過程に影響を与えるわけではありません。しかし、世論形成に大きな影響を与えますので、デモが主張している方向で影響を受けたくない与党・政府にとっては場合によっては非常に都合が悪いものになります。道路交通法や公安条例を使ってできるだけデモをしにくくしているのはそのためだと言えます。

　国会の周辺は2011年3月11日の東北地方太平洋沖地震・東京電力福島第一原発事故災害以来、国会の正門前だけでなく、周辺の官庁や議員会館の前の歩道で毎日さまざまな集会が開かれています。ときには場所は国会前とは限りませんがデモになる場合もあります。民主主義国の多くでは議会の前の広場があり、集会やデモの場として頻繁に利用されています。日本でも将来的にはデモや集会の場として国会前の空間を整備していくべきでしょう。さらに欧米の町には必ずある広場のようなものを全国各地の町や村に設けていき、政治的社会的催しも含めた多様な集会やデモをしやすい環境にし、実際に集会やデモが行われるようにすることが望まれていると考えられます。

　ここで集会の場合とおなじようにややこしいのが差別煽動団体の道路・公園でのデモです。たしかにどのような団体にも表現の自由がありますので、デモ自体は認めないということはむずかしいのですが、ヘイトスピーチ対策法制定施行後の現在では差別煽動デモは違法ですし、そもそも名誉毀損やハードコアポルノグラフィーと同じくまともな表現と認めることももともとできないでしょう。

58　第2部　緊急事態条項で暮らし・社会はどうなるか

4 ｜ 労働組合活動

　私的自治と自由契約をなんの限定もつけずに労働・雇用にまで当てはめてしまうといろいろな不都合が出てきます。法的には対等な関係でも実際には経済力も交渉力も持っている情報も圧倒的に雇用者側のほうが有利ですから、合法的に労働者に不利なことになりがちなことは歴史的な経験から明らかです。それゆえに憲法では27条・28条で労働権、労働基本権を認めているのです。

　その労働権、労働基本権にとって重要な存在が労働組合です。労働組合（労組）の基本的な役割・機能は労働者の権利を守るための活動をすることです。単組、産別、ナショナルセンターのそれぞれのレベルで労働者の権利を守るのです。それに加えて、労働組合運動と関連してということですがさまざまな社会的な課題にも労組は取り組みます。それらは労組の基本的役割ではないかもしれませんが、影響力のある組織としての社会的責任を果たす意味でも重要な役割であると言えます。

　労組の活動は基本的に労働者の権利を守るものですから、まったく正当なものですが、雇用者側とは相当程度対立します。また、労組はさまざまな社会的な活動をしていますので、とくに保守政権にとっては目障りな存在です。憲法に緊急事態条項が加えられるとそれを根拠にした法律による介入の危険が大幅に高まるでしょう。

｜ 引用・参考文献

■ SEALDs編著『SEALDs　民主主義ってこれだ！』（大月書店、2015年）

（おくだ・よしみち）

第2部　緊急事態条項で暮らし・社会はどうなるか

7 緊急事態条項と共謀罪

法を否定する法をつくること

前田 朗 東京造形大学造形学部教授

1 │ 似てるようで違う

　緊急事態条項と共謀罪——なんだか同じ匂いがしますが、どこか違うようにも思えます。どちらも何度も聞いたことのある言葉ですが、いつもよくわからないまま忘れていたような気がします。ところが、いつの間にかまた蘇ってきたところが似ています。

　両者には同じ怖さを感じますが、やはり違うようにも思えます。緊急事態条項は憲法改正の問題として議論されますが、共謀罪は憲法改正とは関係ないとされています。でも、妙に気になります。どこか、似てるような気がします。

　端的に言えば、緊急事態条項は文字通り「緊急事態」に際しての対処をあらかじめ定めるためのものです。緊急事態の定義は多様ですが、一般に戦争、内戦、テロ、クーデタなどが想定されます。「例外状態」や「戒厳令」という言葉が浮かびます。これに対して、共謀罪は刑法の中に定めておく平常時の問題です。一見すると、緊急事態条項と共謀罪には共通性がありません。

　それなのに、なぜ同じ匂いがし、同じ怖さを感じるのでしょうか。それは底流をなす思想に共通性があるからではないでしょうか。

2 │ 緊急事態条項って何だ?!

　CD『緊急事態条項って何だ?!』(2016年、制作協力・@湘南市民連絡会)に収録された楽曲「緊急事態条項って何だ?!」は、楽団@地球人の歌と演奏で緊急事態の本質を浮き彫りにします。ウェブサイト「動きだそう！かながわ」で聴くことができ

60　第2部　緊急事態条項で暮らし・社会はどうなるか

ます（URL：http://action-kanagawa.net/archives/787）。

　緊急事態条項って何だ　たくみな言葉に騙されそうな
　緊急事態条項って何だ　どさくさまぎれに自由を奪える

　緊急事態条項って何だ　ナチスの手口に学んだらしい
　緊急事態条項って何だ　大臣たちの本音がポロリ

　緊急事態宣言があったら　やりたい放題、政令を出せる
　国会承認、事後でOK　政令は何と法律と同じ

　期限の定めはないも同然　国家が一手に権限を握る
　緊急事態条項はこうだ　国民の人権が奪われる

　自民党憲法改正草案9章「緊急事態」（緊急事態の宣言）98条1項には、緊急事態の3類型が示されています。「我が国に対する外部からの武力攻撃」、「内乱等による社会秩序の混乱」、「地震等による大規模な自然災害」です。これらの場合に、内閣総理大臣が緊急事態宣言を出します。

　宣言が出されると、内閣が定める政令は法律と同じ効力を持つことになります。国民は政府が命じる措置に従わなければならず、一定の基本的人権の保障が停止されます。国会議員の任期も延長できます。

　緊急事態条項とは、内閣にすべての権限を集中し、国会の権限および国民の権利を停止するものです。権力分立も基本的人権も霧の彼方に消え去ります。

　緊急事態条項の特徴は、第1に憲法を超えることであり、第2に手続を飛ばすことであり、第3に自由や権利を恣意的に奪うことです。

3 ｜ 共謀罪って何だ?!

　共謀罪は、犯罪の実行行為がなされなくても一定の犯罪を共謀しただけで犯罪が成立します。共謀があったのではないかと嫌疑を持てば、警察は強制捜査を行うことができます。具体的な相談行為がなくても、「目くばせ」のように、捜査機

関の恣意的な認定によっていくらでも嫌疑を膨らませることができます。

　これまで判例で共謀共同正犯を認められてきましたが、共謀共同正犯では、少なくとも犯罪の実行行為の一部があったことが前提となります。共謀罪は、犯罪の実行行為がなくても、共謀したと疑えば捜査対象にできるのです。

　「共謀罪は国際条約に基づいて、テロリズム等の行為に対して社会の安全を守るために必須不可欠な法案である」というのは、大いに疑問です。国際条約の批准と共謀罪の制定の間に論理的関係はありません。テロリズムとはおよそ関係のない犯罪の共謀も処罰することにしています。ごく普通の市民生活の中での会話が共謀と認定される危険性が極めて高いのです。

　つまり、共謀罪の思想は日常を反転させ、非日常（非常事態）の世界を引き寄せるのです。共謀罪は、市民生活を規律する刑法の中に、非常事態に対処する強権的措置を導入することを意味します。

　「共謀罪は英米刑法に古くからある考え方で、自由主義に抵触するものではない」というのも適切とは言えません。

　なるほど英米刑法では古くから共謀罪の処罰がなされてきました。しかし第1に、刑法の体系がそもそも異なります。日本刑法には①共同正犯（複数人で犯罪を実行した場合）、②教唆（犯罪をそそのかした場合）、③従犯（他人の犯罪を援助・幇助した場合）という3つの形態が示されています。しかも共謀共同正犯が認められています。すでに処罰範囲が非常に広いのに、さらに共謀罪を持ち込むと整合性が崩れ無限定に処罰できることになります。共謀罪を認めることは処罰の早期化、予防刑法をもたらすことになります。犯罪が起きたから処罰することと、犯罪が起きるかもしれないから処罰することとの間には天と地ほどの隔たりがあります。

　第2に、刑法を運用する刑事司法機関の文化や体質が異なります。戦前の治安維持法以来の治安優先主義に立つ日本で共謀罪を認めることは、捜査機関による強制処分に歯止めがなくなることを意味します。いつでも強制捜査ができることになります。

　ここで問われているのは、犯罪の成立要件を法律によって定め、明確な判断基準に基づいて刑事手続を進めて、捜査や処罰を適正に行うことができるかという問題です。刑事法では罪刑法定原則やデュー・プロセス（適正手続）と呼ばれます。立憲主義に従って法治原則を守ることです。

共謀罪の思想は、捜査機関の強制処分権限についての歯止めを外し、捜査機関が自由にふるまうことのできる余地を飛躍的に増加させることです。

　それゆえ、その特徴は、第1に憲法を超えることであり、第2に手続を飛ばすことであり、第3に自由や権利を恣意的に奪うことです。つまり、緊急事態条項と同じなのです。

4 ｜ 違うようで似てる

　以上のように、緊急事態条項と共謀罪には相違があるにもかかわらず、軽視できない類似性があります。

　テロリズム等の可能性・危険性を根拠に、憲法や法律に基づいた統治を転覆する仕組を認めてしまうことの危険性を認識しなくてはなりません。

　共謀罪は刑法および刑事訴訟法の領域にテロリズム等の非日常（緊急事態）を内在させることによって、市民生活を規律する市民刑法を治安刑法に転換させます。

　緊急事態条項は憲法の領域にテロリズム等の緊急事態（非日常）を内在させることによって、市民憲法を解体し、独裁的な権威主義憲法に転換させます。

　法を否定する法をつくると取り返しのつかない事態が生じる恐れがあります。楽団＠地球人の「緊急事態条項って何だ?!」は、次のように呼びかけています。

　　花々、小鳥たちの声に　耳を澄ませ、海を眺めよう
　　サンゴと魚とジュゴンはどこへ　まなこを開け、先を見据えよう

　　災害やテロで恐怖をあおり　さも必要だと詭弁を振るう
　　緊急事態条項はこうだ　どさくまぎれに自由が奪われる

　　愛と希望と心をつなげよう　怒りとこぶしを票に変えよう
　　ためいき、涙を票に変えよう　愛と希望と心をつなげよう

（まえだ・あきら）

第2部　緊急事態条項で暮らし・社会はどうなるか

8 緊急事態条項と政党

「われわれの政党は保守だし関係ない」のか

奥田喜道 青山学院大学非常勤講師

　政党は社会の中のさまざまな政治的・社会的課題について意見をまとめ、それを元に議会で立法し、政権与党であれば行政決定をすることになります。与党であれ、野党であれ、国民・市民・住民にとって重要な政治的メディアとして機能しています。政治決定過程のあらゆる場面に直接関わっています。

1 ｜ 政党の憲法・法令上の位置づけ／結社の自由・表現の自由

　その重要な政党は憲法上はどのような位置づけにあるのでしょうか。実は日本国憲法上は明示的には政党について言及されているわけではありません。それは議会制民主主義は政党がなければ実効的に機能しませんし、憲法21条で結社の自由が保障されそのなかに当然政党も含まれるからです。法令でも政党の存在は当然のものとされ、政治資金規正法や政党助成法などでくわしく扱われています。

2 ｜ 参政権

　政党は本来的には有権者のメディアとして存在しています。政党というメディアをつかって有権者が参政権を行使しているといえます。ただ、そのメディアとしての関係は選挙権のような参政権の行使とは大きく異なり、党員かそうでないかなど関係者もより多様ですし、関与のしかたも多様です。一見すると有権者の意思がストレートに実現しないことになり、国民主権の原理からはおかしいように思われるかもしれませんが、こうした多様で重層的なシステムとしての政党があるからこそ、議会での実効的な討議が可能になり、そのままでは判然としない国民の政治的意思を見いだすことが可能になるのです。

3 | 政党を十分機能させるためのしくみ

①党内民主主義　しかしそうした政党の重層的な機能が十分であるためには、党内の民主主義が十分にある必要があります。政党の民主的な要素の度合いはさまざまですし、党運営においては民主的な運営だけではまわらないところもあります。ただ、政党に最低限求められる党内民主主義がない政党には長期的には、国民からの負託に応えられる政治への関与はできないでしょう。すくなくとも重要なポジションは党員によって選挙され、党の重要決定が党大会での討議など何らかのかたちで全党員に開かれている必要があります。

②政党民主主義　民主主義には大別して国民投票などの直接民主主義と、議会制などの間接民主主義があり、現代の民主主義は間接民主主義を基本としつつさまざまな直接民主主義的要素を組み込んでいます。一つの政党だけではもちろん部分的なものですが、政党には直接民主主義と間接民主主義の両方の要素を併せ持った集会民主主義的機能を期待することができます。議員や首長の選挙の前にそれぞれの党派立候補者を選出する予備選挙(アメリカのいくつかの州では非党員にも開かれている開放型の予備選挙もある)ができるとよりよく政党民主主義が実現できるでしょう。

③複数政党制　党内民主主義も政党民主主義も複数の政党が競い合う複数政党制でなければその効果も限定的なものになります。多くの民主主義国では5つか6つの主要政党が議会に議席をもち、政権は通常連立政権となります。二大政党制はアメリカ合衆国で機能している非常に強力な政党システムですが、党内民主主義と政党民主主義が十分ではないところでは、単一政党制とほとんど変わらない状況になってしまいます。

4 | 政党と緊急事態条項

　以上の説明のように政党は民主主義と参政権にとって重要な役割をもっているだけに、政権からすると政党を統制したくなるものです。緊急自体条項が憲法に加えられれば、保革・与野党関わりなく政党を統制する可能性が高まるでしょう。

| 引用・参考文献
■ 吉田徹『「野党」論:何のためにあるのか』(ちくま新書、2016年)　　　(おくだ・よしみち)

第2部　緊急事態条項で暮らし・社会はどうなるか

9　緊急事態条項とネット

「やましいことはしていないので盗聴されてもいい」のか

奥田喜道 青山学院大学非常勤講師

1 ┃ はじめに

　この20年ほどでインターネットは社会の多くの人々にとって不可欠の存在になっています。速報性のあるニュースや、天気予報、地震速報をスマートフォンに表示されるネットで確認し、ツイッターやフェイスブックなどのSNSを利用し、ネットを利用した電話で通話をし、電子メールの送受信をする。それだけではなく、さまざまな通信販売にネット経由の取引が行われています。これだけ社会全体に浸透した仕組みをコントロールできれば、社会の相当部分を押さえ込むことができます。そこに緊急事態条項との関係があります。

2 ┃ ネットとは

　ネット＝インターネットは個別のコンピュータネットワークを全世界的に結ぶことによって形成されている大きなコンピュータネットワークです。それぞれのデータベースなどの公開度、ネットでの利用範囲はさまざまですが、開かれた巨大なネットワークにつながること自体が非常に大きな情報収集、情報発信、交信の可能性を生み、実際に多様な利用なされ方をし、多くの有形無形の利益をもたらしています。

3 ┃ 通信の秘密、表現の自由などとの関係

　インターネット利用のかなりの部分はネットを経由した取引ですから、インターネットの利用によりもたらされるさまざまな利益の中には多くの経済的利益

が含まれています。ですので、すぐにはインターネットと表現の自由は結びつかないと思われるかもしれません。これはネットがまずは通信だからということから来ています。しかし、ネットはその利用の仕方によって、1対1の通信の枠をこえ、1対多、多対多のマスメディアやSNSの機能を持ちます。ネットは経済的な自由としての面と通信の秘密や表現の自由としての面をもっているのです。

4 ｜ 社会的インフラストラクチャーとして

　すでに書きましたように、現代の社会ではネットのない生活は考えられないようになっています。さまざまな情報やデータがネットを経由してやりとりされています。ある人が個人レベルではほとんどネットを利用していないとしても、その人が利用する商店も、運送会社も、役所も、学校も、病院も、利用の仕方はさまざまですがいずれもネットを利用しています。報道のかなりの部分もネットがさまざまな形で利用されてなされますので、ネットが使えないとなるとあらゆることが機能不全に陥ってしまいます。ネットはすでに社会的インフラストラクチャーになっているのです。

5 ｜ 緊急事態条項によってネットはどうなるか

　ネットは以上のように、個人レベルでも、社会レベルでも、また行政にとっても不可欠の存在になっています。そのため、現在の日本では、そして日本国憲法上は想定されていませんが、実質的に戒厳令を出すのと同じ効果を、ネットの利用を制限することによってできることになります。憲法に緊急事態条項がない現状では、さすがに戒厳令と同様の効果をもつようなかたちでのネットの制約はできないはずです。これが、憲法に緊急事態条項が加わってしまうと、まったく事情が変わってきます。緊急事態条項を根拠にして、「テロ対策のため」、「安全保障上の秘密保持のため」、「重要な外交問題のため」と言った理由さえ付けば、逮捕や刑事罰も含めたネットの利用制限も正当化される可能性が高まるからです。しかし、その制限は行政にとって不都合にならないように巧妙に行われることになるでしょう。いつのまにか盗聴が行われ、理由もわからず逮捕されるといった危険性が緊急事態条項によって大幅に高まるのです。「やましいことをしていないので盗聴されてもいい」のではないのです。

（おくだ・よしみち）

第2部 緊急事態条項で暮らし・社会はどうなるか

10 緊急事態条項と医療関係者

命を救うために
本当に考えなければいけないこと

渡邊 弘 鹿児島大学共通教育センター准教授

1 ｜ 「私は地獄を見た。私は決してクリミアを忘れない」

　この言葉は、「近代看護教育の母」と言われるフローレンス・ナイチンゲール（1820 ～ 1910年）のものです。ナイチンゲールの言葉やその書物は、私たちが病気になったり怪我をしたりしたときにみてくださる看護師が、今でもその生き方のよりどころにするものとなっています。

　戦争は、死、怪我、病気、飢餓と隣り合わせです。これは、ナイチンゲールが経験したクリミア戦争（1853 ～ 1856年）も、私たちが経験する現代の戦争も変わりません。いや、現代の方がもっとひどくなっていると言えるかもしれません。そのため、戦争をしようとする場合や戦争が予想される場合には、必ず、看護師や医師をはじめとする医療関係者をどのように組織し動員するか、ということが考えられることになります。現在の日本において、この点がどのように計画されているかを見てみましょう。

2 ｜ 言葉とは裏腹な「国民保護法」

　現在の日本においては、一般に「有事法制」と言われている一連の法律で、我が国に対する武力攻撃への対処・準備のあり方が定められています。その中でも、「武力攻撃事態等における国民の保護のための措置に関する法律」（国民保護法）は、私たちが武力攻撃事態[1]に際してどのように扱われるかを定めています。

　国民保護法4条は「国民の協力等」と題して、武力攻撃事態において国民の保護のための措置を政府がとる際に国民に協力を要請することができるとしていま

68　第2部　緊急事態条項で暮らし・社会はどうなるか

す。そして、国民はその要請に応えるよう努めると定められています。その意味でいえばこの法律は、「国民の保護のため」という言葉とは裏腹に、国民が協力させられるものとなっています。ただしこの4条では、国民の協力はその「自発的な意思」によるものであって、国などが協力を強制することはできないとも定められています。

　しかしこの法律にはもう一つ、国民による協力を定めた条文があります。それが85条です。ここでは、都道府県知事は「避難住民等に対する医療の提供を行うため必要があると認めるときは、医師、看護師その他政令で定める医療関係者に対し」医療を行うよう指示することが定められています。医療関係者による「協力」については、一般の国民による「協力」とは異なり、「自発的な意思」に基づく必要はないことに注意する必要があります。そして、ここで言う「医療関係者」とは以下の12職種であるということが、「武力攻撃事態等における国民の保護のための措置に関する法律施行令」(国民保護法施行令)という政令で定められています。

　①医師、②歯科医師、③薬剤師、④保健師、⑤助産師、⑥看護師、⑦准看護師、⑧診療放射線技師、⑨臨床検査技師、⑩臨床工学技士、⑪救急救命士、⑫歯科衛生士。

　これらのうち、たとえば医師は約31万人、看護師は約114万人が実際に病院などで働いているとされています(2014年現在。医師は厚生労働省、看護師は日本看護協会の調査による)。資格を持っていても現状では仕事をしていない人を含めればもっと多くなります。12職種を合わせれば、国民の中でもかなり多くの人が、武力攻撃事態において医療を提供することを求められる可能性があることになります。

3 ｜ 学生も巻き込んだ訓練——長崎空港を舞台に

　法律や政令で定めただけでは、実際に武力攻撃事態が起きたときにうまく活動できない可能性があります。そこで政府は、国民保護法に基づいてさまざまな訓

用語解説

1 武力攻撃事態：我が国に対する外部からの武力攻撃が発生し、あるいは、それが発生する明白な危険が切迫していると認められるに至った事態のこと。

⑩緊急事態条項と医療関係者　69

練をすでに実施しています。ここでは、国民保護法制定後はじめて行われた、国主導の総合的な実動訓練[2]である、長崎県での訓練の様子を見てみましょう。

2012年1月29日に長崎空港で訓練は行われました。長崎空港は長崎県大村市の箕島という島を使って作られた海上空港です。海上空港ですから、対岸とは橋で繋がっているだけです。この訓練は、ターミナルビルとともに橋でも爆発事案が発生し、空港が海上に孤立状態となった、という想定で行われました。関西国際空港や中部国際空港など、今では海上空港はいくつもありますから、長崎空港が選ばれたのも意味がありそうです。

この訓練には、警察、消防、自衛隊などをはじめとした国の機関や日本赤十字社長崎県支部、国立病院機構長崎医療センターなどの医療関係機関の他に、長崎大学をはじめとした大学も参加しました。

とくに、地元にある活水女子大学では、看護学部看護学科と健康生活学部食生活健康学科(管理栄養士養成課程)の学生が授業の一環として参加しました。看護学科生は負傷者役などを、食生活健康学科生は空港利用者(避難者)などに食事を提供する役割を与えられました。

授業の一環に位置づけられたということは、学生にとっては、訓練に参加して課題を提出しなければ授業の単位が取得できない、ということになるでしょう。そのような状況で「私はこの訓練に参加したくありません」と言うことは、学生には事実上不可能だと思われます。「自発的な意思」によって訓練に参加している、とは言えそうにありません。

そもそも彼らは、まだ無資格の学生です。したがって、国民保護法に定められた「医療関係者」には含まれません。それでも看護学科の学生は、国家試験に合格して看護師になれば「医療関係者」に含まれることになりますが、管理栄養士に至っては、国民保護法施行令が定める「医療関係者」12職種の中に含まれていません。「医療関係者」という括りだけでも多くの国民が協力を迫られることは先ほども見ましたが、すでに訓練の段階で、法律や政令の定めを超えた人々まで協力

用語解説

2 実動訓練:訓練現地において実践的な模擬状況の下、実際に施設や機材などを用い、部隊や人などを動かして行う訓練。対義語＝図上訓練(室内などにおいて地図を用いて口頭・文書により机上で行う訓練)。

することが、事実上義務化されてしまっていることになります。

　実際に「本番」が起きたときにはどうなるでしょうか。国民保護法施行令において定められている「医療関係者」の全員が武力攻撃事態に協力を求められ出動するということは、おそらくないのではないかと思います。というのも、それぞれの医師や看護師などが勤務している病院などには通常の患者がいるわけですから、全員が出払ってしまうわけにはいかないからです。そうすると、協力要請を受け取った医療機関では、そこで働く「医療関係者」の中から、武力攻撃事態への対応に出動する人を選ぶということになるでしょう。そうなった場合、過去に訓練に参加したことがある人とない人では、どちらが選ばれる可能性が高いか、答えは明らかだと思います。つまり、この訓練に学生を参加させた大学は、自分たちの教え子をそういう立場にしたということになります。

4 ｜ 私たちがしなければならないこと──戦争準備ではなく

　「テロ対策訓練で学んだことは、地震や台風などの大規模災害の時にも役立つ」という意見もありそうです。たしかに、これらの訓練で行われる実際の行動の中には、共通するものもあるでしょう。しかし、長崎空港で行われた国民保護訓練は、外敵が攻めてくることを想定した訓練です。私たちが第一にしなければならないのは、そのような訓練でしょうか。外敵を想定し、武力攻撃事態に対応するための方法を学生に教えることでしょうか。むしろ、私たちが学生に教え、また、自分自身としても心にとめなくてはならないのは、「愛というのは、その人の過ちや自分との意見の対立を許してあげられること」という、ナイチンゲールの言葉ではないでしょうか。

（わたなべ・ひろし）

⑩緊急事態条項と医療関係者　71

第2部 緊急事態条項で暮らし・社会はどうなるか

11 緊急事態条項と運輸・土木・建築関連業者、従業員(徴用)

6万を超える船員の命に学ぶべき時

渡邊 弘 鹿児島大学共通教育センター准教授

1 │ 兵站を軽視した旧日本軍──餓死する日本兵

「輜重輸卒が兵隊ならば、蝶々蜻蛉も鳥のうち……電信柱に花が咲く」。

この俗謡は、武器・弾薬・資材などの補給を担った兵站部隊を旧日本軍が軽視していたことを表すものとして知られています。実際に太平洋戦争では、当時の日本の国力をはるかに超えた範囲まで戦線が広がり、また、アメリカ軍などの反撃もあって制空権・制海権が次第に失われる中、占領した地域にいた旧日本軍の部隊まで補給を届けることができなくなっていった例が多くありました。

歴史学者の藤原彰の著書『餓死した英霊たち』(青木書店、2001年)によれば、日中戦争から太平洋戦争にかけての軍人・軍属の死者、約230万人のうち、実に60%強の140万人前後が戦病死者であり、かつ、その大部分は餓死者であったとされています。たとえば、1942年8月から1943年2月にかけて激戦が展開されたガダルカナル島では、補給がほとんど途絶える中、「ガ島は餓島だ」とまで言われるほどになり、後の調査では戦病死が旧日本軍部隊戦没者全体の75%近くを占めたことが明らかになっています。いかに旧日本軍が兵站を軽視していたかは、データからも明らかです。

2 │ 機械化の遅れた旧日本軍──水上戦闘機の「活躍」

また、旧日本軍は機械化も遅れていました。敵との戦闘の末に新しい島を占領したとしても、そこに新たに飛行場を建設するには時間がかかりました。そのため旧日本軍は、航空母艦に乗せて運用する零式艦上戦闘機(いわゆる「ゼロ戦」)に

フロート（浮き）をつけ、海面から離着水できるようにした二式水上戦闘機を開発したほどです。フロートをつければ空気抵抗が余分に生じますし、運動性能も悪くなりますが、島に飛行場がないのでは仕方がありません。

　ただ、二式水上戦闘機の「活躍」は長くは続きませんでした。アメリカ軍の反撃によって、旧日本軍は占領した島々を次々と失っていくことになります。二式水上戦闘機の後継として開発された水上戦闘機「強風」には、もはや「活躍」の機会はほとんどありませんでした。

3 ｜ 兵站と建設を誰が担うか？

　以上見たように、戦争を行う上では兵站や土木・建設が決定的に重要です。このことは、第二次世界大戦が終わって70年以上経つ現在でも変わりません。

　自衛隊にとってはじめての国連PKO参加であるカンボジア派遣（1992年）の際には、陸上自衛隊の施設科部隊が派遣されました。「施設科」とは、諸外国の軍隊では一般に「工兵」と呼ばれる、施設建設・陣地構築や兵站支援などを行う部隊です。カンボジアへは、海上自衛隊の輸送艦や航空自衛隊の輸送機などによって運ばれました。現地では、自衛隊は道路の補修などの作業に従事していました。

　このように、自衛隊には兵站や土木・建設を担う部隊が存在します。しかしながら、外国から日本が攻撃されるような事態が生じた場合、自衛隊の持っている能力だけでそれらの業務をすべてまかなうことができるとは限りません。たとえば、海上自衛隊の持っている大型輸送艦は、「おおすみ」型の3隻しかありません。しかも、船は定期的にドックに入って点検をしなければなりませんから、いつでも3隻がフル稼働できるわけでもありません。

　そこで国は、「武力攻撃事態等及び存立危機事態における我が国の平和と独立並びに国及び国民の安全の確保に関する法律」（武力攻撃事態法）において「指定公共機関」という枠組みを定め、これに指定された民間の企業などに、国とともに必要な措置を行う責務を課しています。指定公共機関は、「武力攻撃事態等及び存立危機事態における我が国の平和と独立並びに国及び国民の安全の確保に関する法律施行令」（武力攻撃事態法施行令）という政令によって指定されています。その中には、船舶・トラック・バス・飛行機・鉄道などによる輸送業者が含まれます。また、自衛隊法103条では、防衛出動の際には、輸送業者や土木・建設業者など

⑪緊急事態条項と運輸・土木・建築関連業者、従業員（徴用）　73

に対して自衛隊の任務遂行に必要な業務をさせることができると定められています（「業務従事命令」と言われます）。

　このように、現在の法的な枠組みの下では、民間企業に勤務する人も自衛隊に協力することが求められているのです。

4 ｜ 民間の船員を自衛官に

　加えて、防衛省は民間の船員を予備自衛官として海上自衛隊に組み込む計画を進めています。予備自衛官は、他国の軍隊では一般的に「予備役」と呼ばれることが普通ですが、普段は民間で自分の仕事をし、有事や災害の際に自衛官として招集されて任務を果たすことになっている人のことを言います。

　民間出身の予備自衛官が運行する民間船を確保するための会社も2016年2月に設立されており（高速マリン・トランスポート株式会社）、防衛省と契約を結んで2隻のフェリーを運用することになっています。

　この計画に対しては、船員で組織されている労働組合の全日本海員組合が「事実上の徴用」であるとして、2016年1月に反対の声明を出しています。

5 ｜ 協力を拒否できるか？

　さて、民間人はこのような「動員」や「徴用」を拒否できるでしょうか。ヒントは、全日本海員組合の言う「事実上」の徴用、という言葉にあります。

　日本社会は、他の先進諸国と比べても企業による労働者への統制力が著しく強い「企業社会」だと言われます。就業規則で定められた時間よりもはるかに早く出勤し、サービス残業も当たり前、過労死は「karoshi」として英語の辞書にも載るようになってしまいました。会社の方針に疑問を差し挟んだ労働者が不当な扱いを受けるという事例も数え切れないほどあります。作家の山崎豊子は小説『沈まぬ太陽』（新潮文庫、2001年）で、日本を代表する航空会社の労務政策に異を唱える労働組合のリーダーが、アフリカに延々と左遷され続ける様子を、事実をベースに描きました。

　このような社会状況の中、家族との生活も維持しなければならない多くの労働者にとって、会社の命令を拒否することは「事実上」不可能でしょう。拒否すれば、

防衛省が自衛隊員や物資の輸送契約を結ぶ民間船「ナッチャンWorld」（2017年2月28日）。写真提供＝共同通信。

　自衛隊に協力する業務にはつかなくてもいいかもしれませんが、その後、会社での居場所がなくなる、ということはおおいに予想されます。

　太平洋戦争では、軍事物資や兵員の輸送に当たった民間船舶のうち1万5,518隻が撃沈され、6万609人もの船員が犠牲となったと言われます（全日本海員組合の声明による）。この犠牲にこそ、私たちは学ぶべきではないでしょうか。

（わたなべ・ひろし）

第2部 緊急事態条項で暮らし・社会はどうなるか

12 緊急事態条項と自治体

緊急事態と認定されれば
「自治体」の権限が取り上げられる

飯島滋明 名古屋学院大学経済学部教授

1 │ 敗戦までの「地方公共団体」

　戦前、内務大臣をつとめた床次竹次郎は『地方自治及振興策』(明治45年) 13頁で「日露戦争に勝利を得た理由は種々あろうが、此の自治制度が布かれてあつたのも、確かに戦争に勝つた原因の一つであると思う。一例を挙げて言うと、一寸茲でベルを押せば、ずつと隅まで響きが応ずる如く、陛下の思召がずつと隅から隅まで及んで居る。これは全く自治制度のお陰であると思ふ」と記しています。

　戦争の遂行には、自治体の戦争協力体制も必要になります。実際、満洲事変(1931年)、日中戦争(1937年〜45年)、太平洋戦争(1941年)と日本が戦争に突き進めば進むほど、国の中央集権体制が強化される一方、地方行政は政府や軍部の基本方針を臣民に浸透させるための一手段となりました。

2 │ 日本国憲法と「地方自治」

　政府の方針を隅々まで浸透させる役割を果たした地方行政のありかたは、日本国憲法では放棄されました。日本国憲法では8章で「地方自治」が保障されています。「地方自治」の保障は「人権保障」や「民主主義」にとっても重要ですが、「平和主義」の実現にとっても極めて重要です。自治体の権限を強化することは中央政府の独善的な戦争遂行を阻止することにつながります。たとえば「港湾法」では、港湾管理権は自治体に委ねられています(港湾法2条)。港湾の管理権が自治体に認められたのは、政府が一元的に港湾を管理することで戦争遂行が容易になった敗戦までの日本のあり方を反省し、国の戦争遂行に歯止めをかけるという目的も

76 第2部 緊急事態条項で暮らし・社会はどうなるか

あります。

3 │ 自治体と「平和主義」

　自治体と「平和主義」の関係の適例として、1975年の「非核神戸方式」を紹介します。朝鮮戦争の際には日本から出撃した米軍人4万人のうち2万人が神戸港から出撃しました。1954年1月には核兵器を搭載した米空母オリスカニや1965年にも米空母タイコンテロガが入港するなど、神戸港はまさに米軍の拠点でした。ところが1975年、神戸市では非核証明書を提出しない外国軍艦の神戸港への入港を認めないという「非核神戸方式」が採用されました。「非核神戸方式」後、神戸港に米軍艦は入港していません。「非核神戸方式」は「自治体」の権限強化が平和主義の実現に有効であることの一例です。

4 │ 緊急事態条項と自治体の関係

　自民党改憲草案99条1項では、「緊急事態の宣言が発せられたときは、法律の定めるところにより、内閣は法律と同一の効力を有する政令を制定することができるほか、内閣総理大臣は財政上必要な支出その他の処分を行い、地方自治体の長に対して必要な指示をすることができる」とされています。自民党が公表した『日本国憲法改正草案Q&A』には、「東日本大震災における政府の対応の反省も踏まえて、緊急事態に対処するための仕組みを、憲法上明確に明記しました」と記されています。

5 │ 緊急事態条項は「戦争できる国づくり」の一環

　ただ、実際には、「緊急事態条項」は自民党の求める「戦争できる国づくり」の一環であり、自民党は憲法9条の改正とセットで「緊急事態条項」の必要性を主張してきました。たとえば自民党憲法改正プロジェクトチーム「論点整理（案）」（2004年6月4日）の「三　安全保障3　今後の議論の方向性」の箇所で、「今後は、個別的及び集団的自衛権の行使のルール、集団的安全保障・地域的安全保障における軍事的制裁措置への参加のルール並びに国際的平和維持協力活動への参加のルール

はいかにあるべきかを議論しながら、憲法においてどこまで規定するべきかを考える必要がある。なお、非常事態については、国民の生命、身体及び財産を危機から救うことが国家の責務であること、その責務を果たすために非常時においてこそ国家権力の円滑な行使が必要であるということを前提に、憲法に明文の規定を設ける方向で議論する必要があると考える」と記されています。

6 | 自治体の権限のはく奪

戦争遂行に際しては、自治体を強制的に国に協力させることが必要になります。そこで国の指示に自治体を協力させる法的根拠となるのが、自民党改憲草案99条1項の「地方自治体の長に対する必要な指示」です。国はこの規定を根拠に、自治体の港湾管理権、空港管理権などを取り上げ、港や空港、自治体病院などを米軍や自衛隊に優先的に使用させることが可能になります。

7 | 自然災害に緊急事態は必要？ 自治体の「首長」の意見

実際に自然災害を体験した自治体の首長は、自然災害に対応するために憲法を改正して緊急事態条項を導入するという主張をどう考えているのでしょうか？

東日本大震災の被災地であった気仙沼市の菅原茂市長は「私権を制限した方がいいと思うほど大変だったが、何とかやり遂げた。(改憲してまでの)制限は必要ないのではないか」と述べています(『河北新報』2015年5月17日付)。仙台市の奥山恵美子市長も「震災で法改正の必要性は感じたが、改憲が必要と考えたことはない。災害時は地方自治体が、喫緊の優先課題が何かを目の前で見ながら活動するのが大事だ」、「国への権限一元化でなく自治体の権限強化を考えてほしい」と述べています(『河北新報』2015年5月20日付)。

2016年4月15日の「熊本地震」の際、安倍自公政権は「全避難者の屋内避難」の方針を出しました。それに対して蒲島郁夫熊本県知事は「避難所が足りなくてみなさんがあそこに出たわけではない。現場の気持ちが分かっていない」と不快感を示しました。蒲島知事の対応を熊本の人は一般的に支持しています。熊本の例のように、現場の事情がわからない政府に一元的な権限行使を認めるのは災害救助・復興の場面でも適切ではありません。被災地の自治体の首長は「災害時は、国

神戸華僑歴史博物館前にある、非核「神戸方式」の碑。(女性は「平和の美海(みみ)ちゃん」)。2017年4月に飯島撮影。
同碑には、つぎの決議文が刻まれている。

「核兵器積載艦艇の神戸港入港拒否に関する決議」
　神戸港は、その入港船舶数及び取扱い貨物量からみても、世界の代表的な国際商業貿易港である。
　利用するものにとっては使いやすい港、働く人にとっては働きやすい港として発展しつつある神戸港は、同時に市民に親しまれる平和な港でなければならない。
　この港に核兵器が持ちこまれることがあるとすれば、港湾機能の阻害はもとより、市民の不安と混乱は想像に難くないものがある。
　よって神戸市会は核兵器を積載した艦艇の神戸港入港を一切拒否するものである。
以上、決議する。
1975年3月18日
　　　　　　　　　　　　神戸市会

に権力を集中しても何にもならない。被災地に裁量を持たせるべきだ」(陸前高田市の戸羽太市長。『東京新聞』2016年3月15日付)と発言しています。

8 │ 自然災害には今の法律でも対応可能

　自民党が公表した『日本国憲法改正草案Q&A』でも「地方自治体の長に対する指示は、もともと法律の規定を整備すれば憲法上の根拠がなくても可能です。草案の規定は、憲法上の根拠があることが望ましいと考えて、念のために置いた規定です」(33頁)と記されています。自然災害に際しては、「災害対策基本法」や「警察法」での「緊急事態の特別措置」(71条〜75条)など、今の法律でも対応できます。

(いいじま・しげあき)

第2部　緊急事態条項で暮らし・社会はどうなるか

13 緊急事態条項と警察・自衛隊

すでに緊急事態に対応する警察と自衛隊に関する法律が十分整備されている

清水雅彦 日本体育大学体育学部教授

1 ｜ はじめに

　自民党など改憲派は、日本国憲法に緊急事態条項がないから新たに憲法に規定しろと主張しますが、既存の法律の規定では不十分なのでしょうか。以下、見ていきましょう。

2 ｜ 緊急事態と警察

　まず、すでに現行の警察法には緊急事態に対応する規定があります。具体的には、71条1項で、「内閣総理大臣は、大規模な災害又は騒乱その他の緊急事態に際して、治安の維持のため特に必要があると認めるときは、国家公安委員会の勧告に基き、全国又は一部の区域について緊急事態の布告を発することができる」とし、72条で、「内閣総理大臣は、前条に規定する緊急事態の布告が発せられたときは、本章の定めるところに従い、一時的に警察を統制する。この場合においては、内閣総理大臣は、その緊急事態を収拾するため必要な限度において、長官を直接に指揮監督するものとする」とし、73条3項で、「第71条に規定する緊急事態の布告が発せられたときは、布告区域（前項の規定により布告区域以外の区域に派遣された場合においては、当該区域）に派遣された警察官は、当該区域内のいかなる地域においても職権を行うことができる」としています。

80　第2部　緊急事態条項で暮らし・社会はどうなるか

3 緊急事態と自衛隊

さらに、自衛隊についてはさまざまな事態対応規定があります。

具体的には、自衛隊法で武力攻撃事態（武力攻撃が発生した事態または武力攻撃が発生する明白な危険が切迫していると認められるに至った事態）と存立危機事態（我が国と密接な関係にある他国に対する武力攻撃が発生し、これにより我が国の存立が脅かされ、国民の生命、自由および幸福追求の権利が根底から覆される明白な危険がある事態）には防衛出動（76条）が、「間接侵略その他の緊急事態に際して、一般の警察力をもっては、治安を維持することができないと認められる場合」には治安出動（78条）が、「政治上その他の主義主張に基づき、国家若しくは他人にこれを強要し、又は社会に不安若しくは恐怖を与える目的で多数の人を殺傷し、又は重要な施設その他の物を破壊する行為が行われるおそれがあり、かつ、その被害を防止するため特別の必要があると認める場合」には自衛隊の施設等の警護出動（81条の2）が、「海上における人命若しくは財産の保護又は治安の維持のため特別の必要がある場合」には海上における警護行動（82条）ができます。

また、「武力攻撃事態等及び存立危機事態における我が国の平和と独立並びに国及び国民の安全の確保に関する法律」（武力攻撃事態法）で、武力攻撃予測事態（武力攻撃事態には至っていないが、事態が緊迫し、武力攻撃が予測されるに至った事態）やその他の緊急事態（武力攻撃事態等および存立危機事態以外の国および国民の安全に重大な影響を及ぼす緊急事態）にも対応する規定があります。

4 政令でさらに警察と自衛隊に活動させるのは危険

以上のように、警察も自衛隊も現行法で緊急事態に十分対応可能なのです。この上に自民党改憲案のような緊急事態条項が加わったら、既存の法律が規定する事態以外の事態で内閣が緊急事態を宣言し、政令で警察と自衛隊を動かすことになります。国会の統制がないまま、武器の使用ができる警察と自衛隊を活動させるのは大変危険なことです。

（しみず・まさひこ）

第2部　緊急事態条項で暮らし・社会はどうなるか

14 緊急事態条項と裁判所

緊急事態条項への裁判的統制がないのは「まっとうな立憲主義国家」ではない

飯島滋明 名古屋学院大学経済学部教授

1 │ 外国の憲法と緊急事態に際しての裁判的統制

　ドイツの憲法である「ドイツ連邦共和国基本法」ですが、「防衛事態」に際しては「連邦憲法裁判所および裁判官の憲法上の地位または憲法上の任務の遂行は、侵害されてはならない」(115g条)とされています。

　フランスでは1961年に「緊急権」(フランス第5共和制憲法16条)が発動されました。アルジェリアの反乱に発動された「緊急権」ですが、少なくとも48人が警察により殺害されるなど、その危険性が問題とされ続けてきました。2008年7月に憲法が改正され、「緊急権」(16条)の規定に6項が追加されました。そして「緊急権」の発動の要件が満たされているかどうかを「憲法院」が審査することになりました。

　このように、ドイツやフランスでは緊急事態条項の濫用に対する法的な歯止めとして裁判的な統制が憲法で明記されています。さらにヨーロッパの場合には、国内の裁判所だけではなく、「欧州人権裁判所*」による審査の可能性があります。

用語解説

＊ **欧州人権裁判所**：欧州人権条約(1950年11月4日署名)では、「その管轄内にある全ての者」に同条約を守ることが義務づけられていますが、そうした約束が守られているかどうかを審査する裁判所です(同条約19条)。個人も提訴でき(同条約34条)、加盟国はヨーロッパ人権裁判所の最終判決に従う義務があります(同条約46条)。

2 ｜ 自民党「日本国憲法改正草案」での緊急事態条項と裁判所

　以上のように、フランスやドイツでも、緊急事態条項が悪用された歴史から、緊急事態条項に対する法的歯止めの一つとして裁判的統制が憲法で規定されています。緊急事態に対する裁判的統制について、長谷部恭男早稲田大学教授は「現代のまっとうな立憲主義国家では、緊急事態に対応する法制を実際に運用しようとするときには、裁判所による監視と抑制の仕組みが必ず取り入れられている。緊急事態条項を発動する際の司法的コントロールは、いわばグローバル・スタンダードといってもよい」と指摘しています（長谷部恭男「日本国憲法に緊急事態条項は不要である」『世界』2016年1月号146頁。なお、第3部「世界の緊急事態条項」を参照）。

　ただ、自民党「日本国憲法改正草案」では緊急事態の際の裁判的統制は全く規定されていません。この点でも、自民党改憲草案の緊急事態条項は「まっとうな立憲主義国家」「グローバル・スタンダード」とは一線を画しています。

3 ｜ 裁判所の地位の強化を

　さらに長谷部教授は「裁判所の権限の根底的な強化がなければ、他のまっとうな立憲主義国家とは比較にならないお粗末な緊急事態制度になってしまう」とも述べています（長谷部・前掲論文147頁）。「たかだか解散権の行使でさえ政治部門の判断を丸呑みしてきた裁判所が、国家の存立が危機に瀕する緊急事態の発生の有無や、それへの対処のために何が必要かについてはなおさら、政治部門の判断を丸呑みにすることになる」と指摘するように（長谷部・前掲論文147頁）、今までの日本の最高裁判所は「憲法の番人」という役割を適切に果たしてきたとは言えません。仮に憲法改正により緊急事態条項と裁判的統制が明記されたとしても、今までの日本の最高裁判所のような立場では、かえって内閣総理大臣の行為に「合憲」のお墨付きを与えるにすぎない危険性があります。これは緊急事態だけに限った話ではなりませんが、裁判所が「人権擁護の砦」「憲法の番人」となるためには、「裁判人事の独立性を高めることが必要不可欠」になります（長谷部・前掲論文147頁）。

（いいじま・しげあき）

第2部　緊急事態条項で暮らし・社会はどうなるか

15 緊急事態条項と選挙権（参政権）

今は、緊急事態です！
それに、あなたが私を選んだんですよ！

池田賢太 弁護士

1 衆議院議員の任期が5年だったことがある！？

　突然ですが、問題です。〈衆議院議員の任期が5年だったことがある、○か×か。〉
正解は、○です。

　1941年に公布施行された「衆議院議員任期延長ニ関スル法律」（以下「任期延長
法」といいます。）によって、衆議院議員の任期が1年延長されたことがあるのです。

2 衆議院議員の任期延長に関する法律案の審議過程

　大日本帝国憲法の下では、衆議院議員の任期は、衆議院議員選挙法の66条で
4年と定められていました。任期延長法律案が第76回帝国議会に提出されたのは、
この4年の任期が押し迫っているときでした。1941年2月6日に、この法案審議
が行われた衆議院特別委員会での平沼騏一郎内務大臣の提案趣旨は、次のとおり
です（旧漢字を常用漢字に、カタカナをひらがなに改めました。）。

　「今日の如き緊迫致しましたる内外情勢の下に、国民をして選挙に没頭せしめ
ますることは、国政に関しまして不必要に兎角の議論を誘発し、又国民の間に不
必要な摩擦競争を生ぜしめますることは、内治外交上甚だ面白くない結果を招来
する虞がありまするのみならず、殊に挙国一致国防体制の整備に邁進せんとする
決意を、是が為に内外の人をして疑わしめないとも限らないと考えまするので、
衆議院議員の任期延長に関する法律を提出致しました次第であります」。

　要するに、平沼内相の提案趣旨は、「緊迫した情勢の下で、選挙などやって国
論を二分していては戦争などすることはできないし、敵国に隙を見せることにも

84　第2部　緊急事態条項で暮らし・社会はどうなるか

なりかねないのだから、選挙なんかできない」というものです。正面切ってここまで言うか、という感じですが、戦争遂行という緊急事態においては、極めて正直とも言えます。この法案は、地方議会選挙も延期する法律案とともに審議され、衆議院・貴族院で可決。即日施行されています。

　当時の議事録を見ますと、衆議院においても、貴族院においても、憲法附属の選挙法の改正であることから慎重な議論を求めたり、あるいは政府に選挙の理念を確認したりと、一応「丁寧な」議論がなされています。

　とくに、貴族院における大塚惟精議員の質問の中で、選挙制度そのものについての質問があります。議員の任期を延長するのに、「現下の時局が重大である」というだけでは理由にならないのではないか。選挙は国民が国家の政治に参与する参政権の行使の機会であるのに、これを国民の不必要な摩擦競争とし、互いに喧嘩でもするもののように考えているのは、従前の考え方と違っているのではないか。そのような指摘がなされています。

　もっとも、この議会審議について、一応と前置きし、「丁寧な」とした点について触れておかざるをえません。当時は、すでに政党が解散させられ大政翼賛会*ができていました。治安維持法もあり、反対勢力は容易に取締りを受ける環境でした。大塚議員も、これを当然の前提とし、選挙を行うことでむしろ国民に情勢を知らしめ挙国一致の体制を作ることができるではないか、という文脈のなかで選挙の実施を求めていた点には注意が必要です。

3 ｜ 選挙権はとても大切な権利——本人と代理人の関係から考える

　大塚議員の言うとおり、選挙権は、国民が国政に参加する権利（参政権）の中核をなす権利です。

　日本国憲法前文を確認してみます。前文は、「日本国民は、正当に選挙された国会における代表者を通じて行動し、……ここに主権が国民に存することを宣言し、この憲法を確定する。そもそも国政は、国民の厳粛な信託によるものであつ

用語解説

* **大政翼賛会**：1940年10月に、近衛文麿首相を中心に作られた、政府への全国民的協力組織。言論、思想も含め、国民生活をあらゆる面から統制した。

⑮緊急事態条項と選挙権（参政権）　85

て、その権威は国民に由来し、その権力は国民の代表者がこれを行使し、その福利は公民がこれを享受する。これは人類普遍の原理であり……」と述べ、国民主権原理と主権者である国民の政治参加の方法（間接民主制）を明確に示しています。

　これは、本人と代理人、あるいは本人と受任者という関係で整理できます。私の弁護士という仕事は、依頼者を代理して、法律事務を行うことです。たとえば、交通事故にあったので、加害者に賠償してほしいという依頼を受けたとします。私は、その加害者に対して、依頼者に代わって損害賠償請求を行うことが仕事です。私が頼まれた仕事の範囲は、その部分に限られるのであって、全く違うこと（たとえば、離婚調停の申立てや自己破産手続など）を勝手にやることは許されないし、そのような権限もありません。理由は、本人である依頼者から頼まれていないからです。もし、そのようなことをすれば、私は当然、契約を打ち切られるでしょう。

　政治についても、全く同じです。前文にあるとおり、私たちは、日本国憲法という社会契約に基づき、選挙によって私たちの代表者として国会議員を選び、国会で作られたルールの中で生活をしています。そのとき、国会議員は何でも自由にルールを作っていいわけではありません。憲法の中に国民の権利を明記し、私たちの代表として政治を行う以上、契約書である憲法をしっかりと守りなさいね、とその権限に一定の枠をはめているのです（これを「立憲主義」といいます。）。

4 ｜ 緊急事態宣言が出されると……

　最初の問題に戻ります。衆議院議員の任期が法律で定められていた時には、特別法を作って任期を延長することが可能でした。今は、憲法45条に任期は4年と明記されているので、法律で延長することはできず、どうしても延長しようとするなら、憲法を改正するほかありません。

　しかし、自民党改憲案では、緊急事態宣言が出された場合、改憲案99条4項で衆議院は解散されず、両議院議員の任期や選挙期日について特例を設けることができるとされています。緊急事態宣言によって、議員の任期を延長することができるようになるのです。しかも、緊急事態宣言は、国会の承認を得れば100日ごとに延長することができますから、無期限延長も不可能ではありません。そし

86　第2部　緊急事態条項で暮らし・社会はどうなるか

て、日本版NSC（国家安全保障会議）、特定秘密保護法が施行され、情報統制が図られる中では、「現下の時局が重大である」こと以外には、国民にその理由が伝えられることは無いでしょう。

　国家の危機と言われれば納得してしまうかもしれません。しかし、主権者である国民自身が全く判断する余地を与えられないままに、代理人だけが暴走することは極めて危険です。

　私の仕事に引きつけて考えてみれば、通常、委任契約はそれぞれのステージごとに行います(審級代理の原則)。もし第一審で負けてしまった場合、依頼者にとってはある意味で緊急事態です。そのようなときに、私が依頼者に向かって、「今は緊急事態だから私を解任することは許さない。私の思うとおり事件を進めます！それに、あなたが私を選んだんですよ！」と言ったら、あなたはどうしますか。引続き依頼するにしても、なぜ負けたのかを分析したいでしょうし、場合によっては違う弁護士に頼むという方法もとりたいと思うでしょう。そもそも控訴するかどうかも重要な判断です。しかし、緊急事態の一言で、何の情報も与えられず、弁護士がいつまでも代理人として、しかも依頼者本人の意向を無視して訴訟活動をしたら、大問題だと思いませんか。

　緊急事態条項は、国民主権の形も大きく変えてしまうのです。

｜引用・参考文献

- 内山宙「緊急事態条項が通ってしまった未来からの伝言」〈http://www.jicl.jp/hitokoto/backnumber/20160222_01.html〉（最終閲覧日：2017年1月26日）。

（いけだ・けんた）

第2部　緊急事態条項で暮らし・社会はどうなるか

16 緊急事態条項とマイノリティ

緊急事態時、デマに惑わされず冷静でいられますか？

榎澤幸広 名古屋学院大学現代社会学部准教授

1 ｜ はじめに

　大災害に直面した際冷静でいられますか？　私は少しでもパニックにならないよう防災マニュアルを読んだり非常食を買い集めたりしています。しかし、近年の震災でも発生したような、「○○人が自衛官を殺し暴動を起こしている」「ライオンが動物園から逃げた」などのデマ（嘘の情報）が飛び交ったら……。輪をかけて、戒厳が宣告されたら……。ここでは、関東大震災直後に引き起こされ最悪の事態を招いたにも関わらず、近年まで忘れ去られていた（というか、封印されていた）マイノリティ虐殺事例を考えてみることにしましょう。

2 ｜ 関東大震災とジェノサイド

　関東大震災は1923年9月1日正午頃発生し、関東を中心に広範な被害を及ぼしました。マグニチュード7.9、死者数10万5,385人という数字を見ても物凄い自然災害であったことがわかりますが、震災の大混乱の中、自警団、警察や軍隊により、6,600人以上の朝鮮人や700人以上の中国人の虐殺（ジェノサイド）という人災も生じました。理由は、その時期、「朝鮮人が暴動」、「朝鮮人や社会主義者の放火多数」、「朝鮮人が東京市全滅のため爆弾・毒薬を使用」というどこから発せられたかわからないデマが飛び交い、官民あげてそれが真実かのように作り上げてしまったことにあります。実際、そのデマを真実とし、2〜4日にかけて、勅令に基づき戒厳令が一部適用され、東京市と隣接五郡を皮切りに東京府、神奈川、千葉、埼玉までその範囲が拡大していったことが人災に拍車をかけました。

88　第2部　緊急事態条項で暮らし・社会はどうなるか

この時期は1917年社会主義国家の誕生、1919年に朝鮮の3.1独立運動などの国際環境変化と同時に、植民地の人々、農民、労働者らが日本国内でも社会運動を展開していた時期で、政府や社会もこれらの動向にピリピリしている状況でした。実際、無政府主義者の大杉栄や労働運動の指導者なども軍や警察によって殺害されています(甘粕事件、亀戸事件)。日本人が虐殺されたケースとしてその他、沖縄人、ろう者の学生や行商人の事例があります(震災直後の資料では死傷者数が89名で、ろう者の学生は震災死と発表)。ここでは、最後者の事例である福田村事件について考えていきたいと思います。

3 ｜ 福田村事件

　福田村事件とは、震災から約5日後の9月6日、茨城県の方に行商に行こうとしていた香川の行商人一行15名の内9名(胎児も含めると10名)が福田村三ツ堀の辺りで、福田村と田中村(現・千葉県野田市と柏市)の自警団数百人に短期間の内に取り囲まれ虐殺された事例です。「子どもだけは助けて」と言った母を子もろとも殺したり、助けてと言った子どもを川へ沈め殺した例もあるようです(9人の内子ども3人)。香川の言葉が現地の人々に耳慣れない言葉であったため朝鮮人と疑われ、「君が代を歌え」とか「(朝鮮語では言いづらい発音の)十五円五十銭と言ってみろ」などと言われたので、答えたのですが、「三年位日本にいればこれ位できるな」と疑義が晴れなかったようです。これは『朝鮮人誤認説』というものですが、実は日本人とわかっていて虐殺された節も、当時の記録や関係者証言から読み取ることができます。土地の駐在、村長や青年団団長は日本人と言っていること(言うことを聞かない一部自警団や群衆を鎮めるため駐在が野田署に確認を取りに行っている際事件が発生)、当時の宿屋は警察に宿泊客名簿を届出る義務があったこと、一行は香川県が発行する鑑札(販売許可証)を持っていたことが判明しているからです。

　当時、「用心に被害なし」「押売・浮浪人・不正行商人を見かけたらすぐ通報」という千葉県警のポスターが貼られていました。現地の人々にとっては行商人が不正なものかどうか実際の区別はつかないものですから疑ってかかった可能性もあり、朝鮮人誤認をその隠れ蓑にした可能性もあります。ちなみに、この一行は香川県の部落出身者でありました。自警団の人々が一行を部落出身者と認知してい

⑯緊急事態条項とマイノリティ　89

たかどうかはわかりませんが、当時の香川の貧困状況や部落差別ゆえに一行が全国に行商に出なくてはならなかった、その結果この事件の被害者になってしまったという現実があります。要するに、意識的か無意識的かは問わず、民族、職業、言語、部落差別やよそ者に対する排他意識など幾重にもまたがる複合的な差別意識がこのような結果を生み出したといっても言い過ぎではないかもしれません。

4 | 当時のマイノリティ関連の法や事件後

　当時の法の中には個人の尊厳を奪う差別的なものが数多く存在しました(たとえば、北海道旧土人保護法〔1899年〕やらい予防に関する件〔1907年〕)。全てが国家主導とはいいませんが、国が差別を推進した例は数多くあるのです。無論それに乗っかってしまった人々にも何かしら責任があるでしょう(ちなみに自警団は、米騒動以後国家主導で前身が作られ、震災経験がさらに民衆動員のヒントを与え、後に戦争やファシズムを下から支える礎になったと思われます)。

　ところで、この事件の第一審では、被告人8名(福田村・田中村から均等に各4名)中7人が騒擾殺人の罪により懲役3〜10年とされました(1人は控訴審で懲役2年執行猶予3年。ちなみに、単なる朝鮮人殺害は実刑率が低く、日本人殺害や朝鮮人を保護した警察襲撃後の朝鮮人殺害は実刑率が高い傾向)。ただ不思議なのは、より多数の人間が関与していたように資料からは見受けられますし、検事正が裁判前から量刑を考慮する旨を新聞に述べたり、何とか生き残った6人が裁判時の証人として呼ばれなかったり、両村の会議で村民から均等徴収し1人当たり90円の弁護費用を出したり……。また、2年後大正天皇死去により彼らには恩赦が与えられ、その中には出所後村長に就任した者もいます。

5 | 現在の日本

　現在はこんなこと起きないと思う人もいるかもしれません。しかし平時ですら、「いい朝鮮人も悪い朝鮮人も殺せ!」などヘイトスピーチ・デモが繰り返し起きていますし、「ホームレスや障害者は人間じゃない」と言って殺害する事例が存在し、ネットでは長年差別を受けた人々の苦悩を踏まえない批判的なカキコミが多数見受けられます。ましてや官僚や議員らにも差別発言をする者も多数います(たと

関東大震災直後、家財道具を大八車などに積んで上野駅前広場に詰めかけた避難民＝1923年（日本電報通信社撮影）。写真提供＝共同通信。

えば、2014年8月11日の「アイヌ民族はもういない」発言をした金子快之・元札幌市議〔当時、自民党・市民会議所属〕や2016年11月8日の大阪府警機動隊員による沖縄高江での「土人」発言を容認するかのような発言をした鶴保庸介沖縄担当相など）。しかし、マイノリティにも人権があることは憲法や国際人権法上当然の帰結ですし、戦前の差別や排除の考え方が大量虐殺行為などジェノサイド行為に繋がったことを反省し、平時ですらその行為を防止する条約が国連で先駆けて作られていることも忘れてはならないでしょう（手続法として国際刑事裁判所規程）。

引用・参考文献

- 千葉県人権啓発センター『福田村事件Ⅰ・Ⅱ（別冊スティグマ14・15号）』（2001年・2003年）。
- 石井雍大「関東大震災・もう一つの悲劇」季論21号（2013年）。

（えのさわ・ゆきひろ）

第2部 緊急事態条項で暮らし・社会はどうなるか

17 緊急事態条項と沖縄

市民の抵抗は「内乱」か
政治に抵抗できなくなる？

髙良沙哉 沖縄大学人文学部准教授

1 | はじめに

「辺野古新基地建設」という言葉を耳にしたことがあるでしょうか。沖縄県北部名護市辺野古にある米軍キャンプ・シュワブ沖に新たに建設が計画されている米軍の海上滑走路のことです。沖縄では、この新基地建設に対する反対運動の他に、沖縄県東村高江で進められている米軍のヘリパッド建設に対する反対運動、その他米軍基地問題等に対する抵抗活動が展開されています。とくに近年、政府が軍事政策を強行に推し進めており、それに反対する沖縄との間で対立が深まっています。

さて政治に対する抗議活動は、憲法で保障された人権の行使です。しかし、もし自民党改憲案のような緊急事態条項が制定され、市民の抵抗が「内乱等による社会秩序の混乱」（自民党改憲案98条1項）と捉えられ、緊急事態宣言が出されたなら、市民の政治意思の表明は憲法に基づいて抑圧されてしまうかもしれません。

ここでは人権の抑圧が強まっている沖縄の現状をみることを通して、緊急事態条項が制定された際の危険性について考えてみたいと思います。

2 | 今でも憲法番外地

後に述べるように、昨年「戒厳令か」といわれるほどの弾圧が沖縄県東村高江で行われました。しかし沖縄に憲法が適用されない現実は、今に始まったことではありません。沖縄は、1972年に米軍占領下から日本国憲法の下に「復帰」しましたが、その後もずっと憲法の適用の外に置かれ続けています。

92 第2部 緊急事態条項で暮らし・社会はどうなるか

沖縄の米軍基地は、米軍の沖縄の慶良間諸島上陸後、米軍占領下で強制的に接収され建設されたものです。そして在沖米軍基地は、米軍の直接統治下で沖縄の人々の人権を無視しながら、戦後27年間米軍の訓練基地、そして前線基地として利用されてきました。

　そして、沖縄は平和と人権が保障された憲法を持つ日本へと「復帰」します。しかし、「復帰」は沖縄を非軍事化するものではなく、日本本土から米軍が移動してきたため基地負担が増え、日本の一部になることによって自衛隊まで配備されてしまいました。

　沖縄の日本「復帰」によって、日米安保条約6条の基地の提供は、主に沖縄の地で果たされてきました。在日米軍基地の約7割が狭い沖縄に集中しています。沖縄が軍事力による防衛を担う一方で、日本本土における軍事力によらない平和が実現されてきたともいえるのではないでしょうか。日本国憲法の平和主義と日米安保条約という矛盾する2つの法の併存を支えてきたのは沖縄だったのです。

　沖縄では、毎日のように昼夜を問わず軍機が頭上を飛び交い、人々は騒音被害に耐えて生活しています。軍機は時には墜落し、パラシュート降下訓練で米兵や物資が空から降ってきて、畑や地域を荒らすこともあります。そして、米軍人による凶悪犯罪の恐怖も常に存在し、「平和のうちに生存する」ことはかないません。沖縄は日本国内にありながら、憲法番外地であり続けているのです。

　沖縄は、日米にとっての軍事植民地であり、常に人権の保障が後回しにされ、軍事目的のために利用されてきました。これまでも憲法番外地であった沖縄は、緊急事態条項が制定されたならば、真っ先にその標的にされるのではないかと危惧されています。

3 ｜ 「戒厳令」か!?　沖縄のいま

　2016年7月22日午前6時、沖縄県東村高江の県道70号が突然封鎖され、すべての自動車の通行が一時的に遮断され、報道機関や道路管理者である沖縄県の職員までも通行止めされる異常な事態がおこりました。『沖縄タイムス』記者は、この日の様子を「機動隊員や私服の警察官を数えていくと、わずか100メートルほどの距離で約500人になった。一帯は制服の青色一色。『戒厳令』という言葉が頭に浮かんで離れない」と記しています(『沖縄タイムス』2016年7月23日)。

激しい対立の発端の一つは、2014年11月沖縄県知事選挙において、辺野古新基地建設に反対する翁長雄志氏が、基地建設のための辺野古沖の埋立てを承認した仲井真弘多沖縄県知事(当時)を破り当選したことでしょう。また、埋立て承認後の2014年1月には、新基地建設反対の稲嶺進名護市長が再選を果たしています。政府の方針に抵抗し続ける沖縄に対して、政府が牙をむいている状況なのです。

　仲井真前知事が埋立て承認した後、辺野古における基地建設作業が開始され、それに反対する市民が警察の機動隊に強制排除されたり、海上で抗議活動をする市民が、海上保安官たちに暴力的に身体を拘束されています。この件に関して、過剰警備であるとして法的根拠を質問した仲里利信衆議院議員に対して(第189回国会2015年2月20日提出)、安倍首相が示した法的根拠は、海上保安庁法2条1項(「安全及び治安の確保」と、「犯罪が正に行われようとするのを認めた場合」または天災事変等の場合の生命・身体等に損害が及ぶ場合)の措置でした(2015年2月20日)。市民の非暴力の抗議が、「犯罪」だとされる場合があることは、重大な問題です。

　辺野古新基地建設の一方で、高江における米軍ヘリパッド建設が強行されました。ヘリパットは、小さな集落を取り囲むように設置され、オスプレイの離発着訓練があることから、集落にとって騒音や危険が増すため、地域住民を含む多くの人々が反対に加わり、大規模な反対運動が起こっています。この反対運動に対して先に述べた「戒厳令」のような状況が現れたのです。

　高江は人口が約140の集落です。そこに東京都、千葉県、神奈川県、愛知県、大阪府、福岡県の警察機動隊までも大勢投入され、反対運動を暴力的に抑え込もうとしました。高江における県道封鎖や機動隊動員の法的根拠を仲里利信衆議院議員が質問したところ(第191回国会2016年8月1日提出)、安倍首相は、市民の抗議活動等を理由として、道路交通法4条1項、5条1項、6条1項に基づいて、道路の危険を防止する等の理由による交通規制であったとしています。反対運動が道路を封鎖する根拠になっているのです。また機動隊の投入については、沖縄県公安委員会からの援助要請に基づく協力であるとし(警察法60条1項)、政府の関与を否定しています(2016年8月8日)。しかし、政府方針に反対する市民を、力でねじ伏せようとする光景は、法の悪用であり平穏な法の適用とは程遠いものです。

海底調査へ準備加速──辺野古沖で海上保安庁に強制排除された反対派（中央の 2 人と右端）。
2014 年 8 月 15 日午前 9 時 30 分ごろ、沖縄県名護市の辺野古漁港。写真提供＝共同通信。

4 │ 緊急事態条項の先取り

　このような沖縄における「戒厳令か」と言われるほどの弾圧が、緊急事態規定ではなく、通常の規定の適用という形式をとっていることには、かえって恐怖を感じます。もし、緊急事態条項が制定されたならば、憲法に基づいて人権弾圧がなされてしまうのです。自民党は、『日本国憲法改憲草案Q&A増補版』中で「国民の生命、身体及び財産という大きな人権を守るために、そのため必要な範囲でより小さな人権がやむなく制限されることもあり得る」と述べています。日米安保条約の継続・実現のために、「小さな人権」が制限されているのです。いま沖縄で起こっていることは、緊急事態条項の先取りであり、未来の日本全体かもしれません。

(たから・さちか)

第2部　緊急事態条項で暮らし・社会はどうなるか

18 緊急事態条項と国民国家

国民国家を超える歓待の世界

小田博志 北海道大学大学院文学研究科教授

1 ┃ はじめに

　海外旅行にいくときに忘れてはならないものは何でしょうか？　パスポートですね。あれがないと出国させてもらえません。でもなぜあんな手帳のようなものに、それほど大きい力があるのでしょう。それは国家に人の移動を管理する権限があるからです。後でみるように、それはあたりまえのことではありませんでしたし、さまざまな問題をはらんでいます。

　さて、現在の政府与党が実現を目論んでいる緊急事態条項は、極端な国家主義の産物です。これが実現されると、内閣総理大臣ら一部の政治家と官僚とが、国家とその領域内の人々を思うように支配する道が開かれるでしょう。それは「独裁」ということです。歴史上これに類する例として、ナチス・ドイツの授権法（第3部「ドイツの緊急事態条項」）があります。ナチスは政権獲得後早々にこの法律を通し、その後はヒトラーとその周辺の者たちが独裁体制を敷いて、数々の惨禍をひき起こしました。

　この緊急事態条項は、日本国憲法の基本理念である民主主義にも基本的人権にも反しているもので、私たち民衆はこれを認めてはなりません。一部の政治家や官僚が、見たこともない地域、知りもしない人々を、民主的な手続を経ずに支配できると考えていることは、思い上がりもはなはだしいと言えます。このように誤った不幸な考え方から目覚めて、謙虚さを取り戻し、他者を支配しようとしない人間らしい人間に戻ることを望みます。

　本項では、国民国家の「他者」の立場から緊急事態条項の問題を考え、それを乗り越える世界のあり方を思い描いてみましょう。

2 ┃ 敵視される国民国家の「他者」

　私たちは国民国家[1]の時代に生きています。日本は国民国家のひとつです。日本には「日本人」が住んでいて、それ以外の人は「外国人」とみなされます。人だけでなくさまざまなことを国単位でみる考え方が現代では浸透しています。けれども、それはせいぜいここ100〜200年の間に作られた仕組みに過ぎません。冒頭で挙げたパスポートもそうです。トーピーによればヨーロッパの第一次世界大戦（1914〜1918年）の時期に、パスポートが国民と外国人を識別するために導入され、浸透しました。第一次世界大戦は国民と国民とが戦い合う総力戦でした。そのときから外国人は潜在的な「敵」とみなされるようになったのです。

　緊急事態条項が実施されたとき懸念されるのもこのことです。それに警鐘を鳴らす歴史的事実があります。関東大震災後の朝鮮人・中国人の虐殺です。1923年9月1日に関東大震災は起こりました。その日から「朝鮮人が放火した」、「井戸に毒を入れた」などのデマが飛び交いました。政府は大日本帝国憲法で定められた「緊急勅令」に基づき戒厳令を出しました。政府、警察、軍はデマを鎮めるどころか、その拡大に加担しました。そして警察と軍は、市民の自警団と一緒になって、多くの朝鮮人や中国人を殺害したのです。その犠牲者は朝鮮人6,000人以上、中国人700人以上とみられます。当時の朝鮮半島は日本の植民地支配下にあり、朝鮮人は日本国籍でしたが、「内地」の日本人とは差別されていました。

　またここでナチス・ドイツが国の内外で、ユダヤ人をはじめとする民族的・政治的他者に加えた迫害も付け加えておかなくてはなりません。巨大な犠牲を出した人道的犯罪であるホロコースト[2]は、授権法の帰結だとも言えます。

　緊急事態条項とは極端に国家主義的なものだと上で述べました。それは政府が「緊急事態」を機に、「国家の秩序」を独占的に掌握しようとするものだからです。権力が自分たちに都合のよい秩序を維持しようとするとき、「敵」をつくり出し、

用語解説

1 国民国家：国民、領土、主権からなる政治的な共同体で、市民革命以後に成立した。

2 ホロコースト：ナチス・ドイツが引き起こしたユダヤ人、シンティ・ロマに対する集団虐殺。

⑱緊急事態条項と国民国家　97

脅威と恐怖心を煽って「国民」の敵意をそこに向けることは常套手段です。関東大震災時の朝鮮人・中国人の虐殺(第2部 **16**)、ナチス・ドイツのホロコーストという悲惨な歴史から私たちは学ばなければなりません。そしてそれを繰り返さないためにも、国家主義そして国民国家そのものをも超える世界のあり方を構想するべきではないでしょうか。

3 | 国民国家を超える歓待と交流の世界

「明治時代に沖縄糸満の漁夫たちは小さなサバニという漁船に乗ってザンジバルまで魚をとりに来ていたという。平和な交流は目立たないものである。しかし根強いものがある」(宮本・50頁)。

これは私の好きな一節です。まだパスポートによる出入国管理制度が固まっていない明治時代に、琉球の海人たちはモーターのない木造船で、はるばるアフリカの島にまで行っていたというのです！　その途中アジアの各地に立ち寄りながら人々と交流し、必要な水や食料などを調達したことでしょう。ここに国民国家が人を管理・支配しない世界のヒントがありそうです。そのキーワードは「歓待」です。

ここで「歓待」とは、よそ者を迎えいれるという広い意味の言葉です。この歓待を永遠平和の条件のひとつと考えたのは哲学者のカントでした。よそ者を迎えいれ、また自らもよそ者となって違う土地を経験することは、それだけ視野が広がり多様になるからです。カントは言っています。「いかなる人も、地球のある場所に居住する権利をほかの人よりも多く認められることはないはずなのである」。

カントは国単位で歓待を考えましたが、本来の歓待は家族や村や地域で行うものです。国境線も何もない世界。もちろんパスポートも不要です。よそからやってきた旅人と水や食べ物、宿を分かち合う歓待の場から、顔見知りの関係が生まれ、流動するネットワークが紡ぎだされていました。その根底にあるのは、土地や食料は自分たちだけの所有物ではないという意識です。北米先住民は見ず知らずの人にも食べ物を分け与えましたし、アフリカの現在の西ケニアの辺りでは、植民地化される以前に人が民族間を自在に行き来し、そうやってできたつながりが全面戦争を抑えていたといいます。アラブの客人歓待は有名ですし、日本でも四国の「お接待」にお金を介さない歓待の慣習がみられます。しかし地球各地の植

帆かけサバニ。沖縄県座間味村で行われた「サバニ帆漕レース」にて（2005年6月26日）。写真提供＝共同通信。

民地化と国民国家の形成のために、人のつながりは分断され、歓待の慣習は抑え込まれていきました。

　地球上を国境線で切り分け、本来多様な人間を「国民」として均質化し、移動を官僚的に管理する。挙句の果てには緊急事態条項なるもので私たちを押さえつけ、内なる「敵」を迫害しかねない。そんな窮屈な世界と、歓待し合い自由につながり合える世界とどちらがいいでしょうか。国民国家は私たち人類にとって運命ではありません。分断と支配を下から超えていきましょう。歓待はそんな古くて新しい世界を指し示しています。歓待の復権を！

| 引用・参考文献

- 片倉もとこ『イスラームの世界観――「移動文化」を考える』（岩波書店、2008年）。
- I.カント『永遠平和のために/啓蒙とは何か他3編』（光文社、2006年）。
- J.C.トーピー『パスポートの発明――監視・シティズンシップ・国家』（法政大学出版局、2008年）。
- 松田素二『抵抗する都市』（岩波書店、1999年）。
- 宮本常一『宮本常一、アフリカとアジアを歩く』（岩波書店、2011年）。
- L.H.モーガン『アメリカ先住民のすまい』（岩波書店、1990年）。
- 山田昭次『関東大震災時の朝鮮人虐殺とその後――虐殺の国家責任と民衆責任』（創史社、2011年）。

（おだ・ひろし）

第3部
世界の緊急事態条項

第3部 世界の緊急事態条項

イギリスの緊急事態対応

松原幸恵 山口大学教育学部准教授

1 はじめに

　日本には、「日本国憲法」という「憲法」という名のついた単一の憲法典があります が、イギリスにはそうした形の憲法がありません。したがって、緊急事態への 法的対応について、改正の難しい憲法典で総括的に規定されること自体、イギリ スではありえません。それでは、イギリスの緊急事態法制は、どのようなものな のでしょうか。以下、歴史的経緯も踏まえながら見てみましょう。

2 伝統的な緊急権限

　英米法の伝統的な考え方から、緊急事態に対応するための法規範として、マー シャル・ロー（戒厳令、martial law）が挙げられることがあります。これは、一般に、 戦争や内乱等に際して、通常の政府（とくに裁判所）が機能しなくなった場合に、 通常法の施行を停止（人権保障の一時停止も含まれます）して軍が強制力を行使する というものですが、歴史上、（海外領土は別として）イギリス本土で発せられたこ とはありません。それだけ、これを発令して軍に権限を一極集中させることに対 する警戒感が強かったと言えるでしょう。万が一、国家の非常事態が生じること があっても、国会の制定する時限立法によって一時的に当局への権限付与を行う 方法が想定されるので、マーシャル・ローの実現性は限りなく低いと思われます。

　また、伝統的な緊急権限として、国王大権（prerogative powers）というものも ありますが、これ自体範囲が不明確なため、濫用のおそれがあります。さらに、 1688年の権利章典以後、国王大権に基づく新規課税については、国会の同意な

102　第3部 世界の緊急事態条項

しに行われることがどんな場合(たとえ緊急事態)でも認められないことになっています。

　以上のことから、イギリスにおける緊急事態への法的対処は、国会制定法による授権(授権法)という形をとっていくことになりました。

3 ｜ 国会制定法の系譜

　イギリスの緊急事態法制の歴史的経緯を見てみると、いくつもの国会制定法が挙げられるのですが、大別すると、戦時におけるものと平時におけるものとに分けられます。「平時の緊急事態」(？)と思われるかもしれませんが、これは、戦争のような特別事態以外のものを想定しています。この例として、自然災害がすぐ念頭に思い浮かびますが、イギリスでは、これに留まらず、労働者(公務員も含みます)のストライキへの対応も、(平時の)緊急事態として想定されています。法律としての制定はむしろ後者の方が早く、第一次世界大戦後の不況時に主要産業分野でストライキが頻発したことから、ライフライン等の生活必需物資の確保や市民生活の安定を図るため、枢密院令(Order in Council)によるさまざまな規則制定を認めた1920年緊急権限法(Emergency Powers Act 1920. 以後、既述の法律は制定年で略称)が制定されました。ここでは、ストライキへの参加は市民の当然の権利行使であるという前提に立ち、これを処罰するような規則は認められないことが規定されていました(2条(1))。また、規則制定に当たっては、国会の承認が要件とされていました(同(2))。なお、この法律は、1964年に一部修正され、自然災害や原発事故への対応も想定したものとなりました(ちなみに、テロは含みません)。

　他方、2度の世界大戦にあって、戦時の緊急事態法も制定されました。1914年および1915年国土防衛法(Defence of the Realm Acts 1914-1915)、1939年および1940年緊急権限(国防)法(Emergency Powers〔Defence〕Acts 1939-1940)などです。これらの法律は、戦争遂行のため、より強力で広範な権限を行政府に与えるものでしたが、それでもその独断専行を抑えるための方策も一定程度考えられていました。たとえば、1939年法では、行政府に国防規則(Defence Regulations)の制定権を広範に認めていましたが、一方で、国会の関与により、規則を無効にすることも可能としたり、民間人に関する明文の禁止事項(労役を

イギリスの緊急事態対応　103

課したり、軍事法廷で裁くことなど)を設けていました(ただし、労役については、1940年緊急権限〔国防〕〔第2号〕法で、強制労働の命令が認められました)。一方、そのような大戦の最中でも、1939年補償(国防)法(Compensation〔Defence〕Act 1939)により、緊急事態に対応する措置により発生した損害に対し、一定の損失補償が講じられていた点も注目されます。

なお、一連の戦時緊急事態法は、戦争遂行のための法律ですので、戦争終結により、大部分は失効しています。

4 │ 現行法としての2004年民間緊急事態法

イギリスにおける緊急事態法の現行法は、2004年民間緊急事態法(Civil Contingencies Act 2004)です。この法律は、1964年法によって一部修正された1920年緊急権限法に替わるものであるとともに、民間防衛・市民保護に関する法制度も併せ持っている点が特徴です。

後者の法制度の系譜は、次のようなものです。戦時体制を前提とした1937年空襲事前対策法(Air-Raid Precautions Act 1937)・1939年民間防衛法(Civil Defence Act 1939)の規定が、1945年民間防衛(権限の停止)法(Civil Defence〔Suspension of Powers〕Act 1945)によって一旦停止され、その後、冷戦期を背景に1948年民間防衛法(Civil Defence Act 1948)・1954年民間防衛(軍隊)法(Civil Defence〔Armed Forces〕Act 1954)が制定されましたが、これらも外国からの侵略から国民を保護することを目的としたものでした。そうしたものから平時の緊急事態における市民保護を想定したものに移行する契機となったのが、1986年平時市民保護法(Civil Protection in Peacetime Act 1986)です。

2004年法制定の端緒となったのは、2000年秋の燃料危機・冬の洪水多発でしたが、その審議過程の中で起きた2001年9月11日同時多発テロの影響も見逃せません(したがって、1964年法にはなかった「テロ」も緊急事態に追加されることになりました)。また、欧州人権条約を国内法化した1998年人権法(Human Rights Act 1998)との整合性や、近年進みつつある地方分権化の動向を反映させる必要もありました。

2004年法は、全36条と附則3から成り、第1部「地方における市民保護のための手配」で、自治体に課される市民保護の義務について、第2部「緊急権」で、よ

り大規模な緊急事態に中央政府が緊急事態規則で対応することを規定していま
す。こうしたことから、緊急事態への対応は、すべて中央政府に一元化されるわ
けではなく、地域が限定される比較的規模の小さなものについては、まずは自治
体による対応を想定していることがわかります。

　先述した背景もあって、2004年法が対象とする緊急事態は、従来よりも広く
なり（平時に限定されない）、第2部における政府の権限も広範で強力なものが想
定されましたが、法案審議の過程の中、それに起因する政府による濫用の危険性
がまさに議論の中心になりました。それを防ぐ手立てとして、緊急事態の定義を
当初案よりも限定し、緊急事態規則に対する制限を強化する方向に修正されまし
た。たとえば、緊急事態規則によって軍役を課したり、労働争議に参加させなく
するのは禁止され（23条(3)）、1998年人権法も改正不可とされました（同(5)）。また、
同規則は、国会の承認がなければ失効し（27条）、1998年人権法よりも下位規範
とされ（30条(2)）、同法に抵触すると裁判所が判断した場合、同規則の効力取消し
または効力停止が可能となります。

　こうして、昨今の国際事情も反映してできた2004年法ですが、その背後に権
限の濫用に対する国民の警戒感があることも忘れてはならないでしょう。

｜ 引用・参考文献

- 柳井健一「イギリスの緊急事態法制」水島朝穂編著『世界の「有事法制」を診る』（法律文化
　社、2003年）119〜132頁。
- 岡久慶「緊急事態に備えた国家権限の強化―英国2004年民間緊急事態法」外国の立法
　223号（2005年）1〜37頁。
- 清水隆雄「II 緊急事態法制　1イギリス」国立国会図書館調査及び立法考査局『主要国
　における緊急事態への対処　総合調査報告書』（国立国会図書館、2003年）40〜42頁。

（まつばら・ゆきえ）

第3部　世界の緊急事態条項

アメリカの緊急事態対応

松村芳明 専修大学非常勤講師

1 ｜ アメリカ合衆国憲法における緊急権条項の不在

国家緊急権とは、緊急時に憲法を(一部)停止する政府の権限ですが、そこで憲法の停止とは、人権制限と権力分立の停止(執行権への権力集中)を指します。アメリカ合衆国憲法(州ではなく連邦の憲法。以下、憲法と略)は他国の例と異なり、国家緊急権条項を持っていません。わずかに、非常時における大統領の議会招集権(2条3節)と、反乱・侵略の際の人身保護令状の停止の定め(1条9節2項)があるのみです。人身保護令状とは、違法な拘束を受けている疑いのある者の身柄を裁判所の下に移し、拘束の理由を明らかにするよう命じるもので(正当な理由がなければ釈放される)、執行権の暴走から裁判所が個人の自由をまもる制度の一つですが、非常時にはその令状の停止ができるのです。

ではなぜアメリカの憲法には緊急権条項がないのか。まずその理由を探ってみましょう。

2 ｜ 自由の確保・権力への不信と厳格な権力分立

アメリカ合衆国は、諸邦の連合によって作られましたが、自由を希求し「権力への不信」感を強く持っていたアメリカ人民は、連邦政府に大きな権限を与えず、連邦制と、三権がきっちり分かれたタイプの権力分立制によって権力を抑制しようとしました。権力分立としては、大統領は法律案提出権を持たず拒否権しか持たないことや(1条7節2項。なお3分の2による再可決の途がある)、裁判所に違憲審査権が与えられていること(明文規定はないが定着している)、などが重要です。

106　第3部　世界の緊急事態条項

戦争に関しても、大統領は軍の最高司令官とされますが(2条2節1項)、戦争を宣言すること(1条8節11項)、軍隊の設営・財政的措置(同12項・13項)、軍隊の統帥や規律に関する規則の作成(同14項)は連邦議会の権限です。

　以上のように、自由を確保し政府の権限を分けることを狙って作られた合衆国憲法だからこそ、そこには、自由を制限し権力を集中させる国家緊急権条項は存在しないのです。

3 ｜ アメリカにおける戦時の権力分立と人権保障

　しかし、他国と同様アメリカでも、時代とともに連邦政府の存在意義が重視されてきました。同時に、大統領の役割が大きな意味を持つようになり、それはとくに戦争において顕著です(当然その場合でも、最高司令官条項など、憲法上に根拠が見出されてきました)。

　では、戦時において権力分立の停止や人権制限はなされてきたのでしょうか。

　南北戦争時、リンカーン大統領は人身保護令状の停止を行い、裁判所がこれを否定すると大統領は無視し、結局連邦議会が大統領の行為を追認する立法を行いました(メリーマン事件〔1861～63年〕)。第二次大戦中の大統領令による日系人の夜間外出の禁止や強制収容に対して連邦高裁は、真珠湾攻撃後の不安や日系人によるスパイ行為のおそれなどを理由に、合憲判断を行いました(ヒラバヤシ判決〔1943年〕、コレマツ判決〔1944年〕)。しかし、1980年代に両事件とも、再審無罪判決および連邦議会の立法により誤りが認められました。朝鮮戦争時、ストライキによる製鋼の中断を防止するため、トルーマン大統領は法律によらず、最高司令官権限などに基づいて製鋼所の接収を命じましたが、連邦最高裁は権力分立を否定するものだと違憲判断を下しました(ヤングズタウン判決〔1952年〕)。ベトナム戦争後には、連邦議会は大統領の戦争権限に歯止めをかけるための立法を行いました(1973年戦争権限法、1976年国家緊急事態法)。湾岸戦争(1991年)や2001年の9.11同時多発テロ(以下、9.11)後のアフガニスタン・イラクにおける軍事行動(2001年～、2003年～)も、議会の承認のもとで行われました。

　以上まとめると、アメリカでは、戦時において権力分立と人権保障は、一時的な停止はあったにせよ、全体としては正常な機能を十分果たし、また尊重されて来たと言えるでしょう。アメリカでは、戦時において拡大しようとする大統領権

アメリカの緊急事態対応　107

限に対して、一定の歯止めがかかってきたのです。

4 | 9.11後

　9.11後のテロ対策(「テロとの戦争」)においては、9.11の1カ月後に制定された愛国者法が中心の一つとなっています。この法律は次のような定めを持ちます。①「テロ」概念を以前より拡大させそれにかかわる行為を犯罪化した(802条以下)。②家宅捜索や通信傍受の権限を強化するともにメールやwebの送受信・閲覧記録、金融機関の顧客情報などへのアクセスを可能とするなど、捜査権限を強化した(201条以下および358条)。③CIA(中央情報局)のような諜報機関とNSA(国家安全保障局)のような軍の機関、FBI(連邦捜査局)のような連邦の捜査機関、州や自治体の機関の間の情報共有・相互協力を定めた(203、504、701条など)。④テロ組織支援者の入国拒否と強制退去・テロリストと疑われる外国人の拘束を可能とした(411条以下)、などです。

　このようなテロ対策は、「疑わしい」段階での拘束を許すものであって有罪推定である(9.11直後の2カ月でFBIは1,200人以上のアメリカ市民と外国人移民を拘束したとされるが、そこにはテロ容疑者と偶然遭遇しただけの外国人も含まれていた)、通信傍受が外国人とコミュニケーションをとるアメリカ市民にも及ぶのではないか、など、これまで以上の人権制限が懸念されます。また、従来あった、連邦と州の区別、警察と軍と諜報機関の区別、出入国管理統制と国内刑事訴訟システムとの区別など、連邦制やある種の権力分立を破壊するものではないかとも考えられます。

　通信傍受に関しては、ブッシュJr.政権が2002年から、アメリカ市民への盗聴をNSAに行わせていたことが2005年に発覚しました。これは愛国者法などの法律を守らないものでした(憲法上の権限などを根拠とした)。オバマ政権は法律に基づいて(少なくともそう説明して)さまざまな通信傍受を行いました。

　しかし以上のようなテロ対策においても、権力分立は機能し、人権はなお尊重されている面に着目すべきでしょう。裁判所の営為としてはたとえば、大統領令により「適性戦闘員」として抑留された者の処遇に関して、外国人であれ合衆国市民であれ、人身保護令状の権利は及ぶなどとした連邦最高裁の一連の判決(ハムディ判決〔2004年〕、パディラ判決〔2004年〕、ラズル判決〔2004年〕、ハムダン判決〔2005

108　第3部　世界の緊急事態条項

年〕、ブーメディエンヌ判決〔2008年〕)や、オバマ政権下の大規模な通信傍受について愛国者法の範囲を越えて違法とした連邦高裁判決(2015年)、イスラーム教徒であることのみを理由とした警察の監視に否定的な判断を下した連邦高裁・地裁の判断があります(ハッサン判決〔2015年〕、ラザ和解〔2016年〕)。

　連邦議会の営為としては、愛国者法を2001年に制定した際、違憲の疑義を抱える条項を時限立法とすることに成功し、2005年に延長する際、さまざまな限定を付したことや、2005年に発覚したNSAの盗聴事件への批判やその後の判決を受けて法律によって一定の枠づけを行ったこと(外国諜報活動監視法の改正)などが挙げられます。

｜ 引用・参考文献

- リチャード・H・ファロン・Jr.（平地秀哉ほか訳）『アメリカ憲法への招待』(三省堂、2010年)。
- 大沢秀介・小山剛『市民生活の自由と安全　各国のテロ対策法制』(成文堂、2006年)。
- 国立国会図書館調査及び立法考査局『主要国における緊急事態への対処　総合調査報告書』(2003年)。
- 薮下史郎・川岸令和ほか『立憲主義の政治経済学』(東洋経済新報社、2008年)。
- 川岸令和「緊急事態と憲法——アメリカにおける議論を参考にして」憲法理論研究会編『憲法理論叢書⑮憲法の変動と改憲問題』(敬文堂、2007年)。
- 大沢秀介「アメリカ連邦最高裁の役割の歴史的変化——自由と安全の調整者の観点から」法学研究82巻2号(2009年)。
- 大林啓吾「リスク社会の憲法秩序——アメリカのテロ対策法制の動向を中心に」警察学論集69巻1号(2016年)。
- 山本龍彦「アメリカにおけるテロ対策とプライバシー——議会による『監視の監視』システム」都市問題2013年7月号。
- 井桁大介「『テロとアメリカ』最前線」世界2016年6月号。

（まつむら・よしあき）

第3部　世界の緊急事態条項

ドイツの緊急事態条項

飯島滋明　名古屋学院大学経済学部教授

1 ┃ ヴァイマール共和国の崩壊について

　かつて麻生太郎副首相は「ナチスの手口に学んだらどうか」(榎澤幸広・奥田喜道・飯島滋明編著『これでいいのか！　日本の民主主義——失言・名言から読み解く憲法』〔現代人文社、2016年〕2頁)との発言をして、問題になりました。1919年に制定されたヴァイマール憲法(ワイマールと言われることが多いですが、ドイツ語の発音はヴァイマ〔ー〕ル)は、大統領を直接選挙するなどの直接民主制が採用されていたこと、「人間たるに値する生存」(151条)などの「社会権」がはじめて憲法で明記されたため、当時「最も民主的」「最も進歩的」な憲法と言われていました。

　ただ、ヴァイマール共和国はわずか14年で終わり、ヒトラー独裁政権が誕生しました。

2 ┃ なぜヴァイマール共和国は崩壊したの？

　ヒトラー独裁政権誕生の要因はいろいろあります。左翼には厳しく、右翼に甘い態度をとった保守的な裁判所がナチス台頭の一因となりました。ドイツ市民に人権や民主主義といった価値観が定着しておらず、ヴァイマール憲法に否定的だったこともヴァイマール共和国崩壊の一因と指摘されています。社民党と共産党が反目し、その結果、共闘してナチスに対抗しなかったこともナチス台頭の一因と指摘されることがあります。そして法制度的には、ヴァイマール憲法48条の「非常措置権限」がヴァイマール共和国崩壊の原因とされます。ヴァイマール憲法48条の「非常措置権限」に関しては、「へたをすれば、この条項〔緊急事態条項〕

110　第3部　世界の緊急事態条項

はナチスを台頭させたワイマール憲法の二の舞を引き起こします」と樋口陽一東京大学名誉教授は指摘しています(樋口陽一・小林節『「憲法改正」の真実』〔集英社新書、2016年〕122頁)。

では、「ナチスの手口」とはどのようなものか、ここで見てみましょう。

3 ｜ ヒトラーによる非常措置権限の行使

1933年1月30日、ヒトラーは首相になりました。ヒトラーは独裁政権を確立するため、ヴァイマール憲法48条の非常措置権限を悪用します。1933年2月4日、ヒトラーはヒンデンブルク大統領に「ドイツ国民の保護に関する2月4日の共和国大統領命令」を出させます。この命令に基づき、多くの出版や集会が禁止されました。ストライキもこの命令により禁止されました。2月17日、ゲーリング(当時、国会議長兼プロイセン州内相)は共産主義者に容赦なく武器を使用することを警察官に命じました(いわゆる「射撃命令」)。「射撃命令」の法的根拠は2月4日の命令でした。

1933年2月27日未明、国会が放火される事件が起こりました。ヒトラーはこの事件を政敵排除のために最大限利用しました。国会炎上事件の翌日に「国民と国家の保護のための共和国大統領命令」(国会炎上命令)が出されました。「国会炎上命令」に基づき、ナチスにとって目障りな存在、とりわけ共産党、社民党、労働組合関係者は徹底的に弾圧されました。1933年の秋までに約10万人が国会炎上命令に基づき身体拘束されました。

1933年3月21日には「国民的高揚への卑劣な攻撃から防御するための大統領命令」が出されました。この命令に基づき、ナチスを批判する発言や運動が取締りを受けました。同じく3月21日に出された「特別裁判所設置に関する共和国政府命令」に基づき、政治犯を裁き、控訴は認められない「特別裁判所」が設置されました。1933年3月23日、ナチスの独裁を可能にさせる「授権法」が成立しました。「授権法」を成立させるためナチス党は新国会召集の前、前述の2月28日の「国会炎上命令」に基づいて共産党の全議員81人や数名の社会民主党員を逮捕するとともに、共産党の全議席を無効とする措置をとりました。

ドイツの緊急事態条項　111

4 | ドイツ連邦共和国基本法での緊急事態条項

　ドイツの憲法である「ドイツ連邦共和国基本法」は1968年にも改正され、緊急事態に関する規定が導入されました。ドイツ人は几帳面です。緊急事態については類型が細かく分けられ、それぞれの事態に応じて要件、手続、効果などが規定されています。緊急事態の類型について大きく分ければ、「対外的緊急事態」と「対内的緊急事態」に分けられます。「対外的緊急事態」はさらに「防衛事態」、「緊迫事態」、「同盟条項」に、「対内的緊急事態」は「憲法上の緊急事態」と「災害事態」に分けられています。ここでは、日本の「防衛出動」（自衛隊法76条）にあたる「防衛事態」を紹介します。

5 | 「防衛事態」について

　「連邦領域が武力で攻撃され、又はこのような攻撃が直接に切迫している」事態が「防衛事態」です。「防衛事態の確認」は、連邦議会が連邦参議院の同意を得て行いますが、「連邦議会議員の投票数の3分の2以上の多数で、かつ、少なくとも連邦議会議員の過半数」が必要となります（基本法115a条1項）。「即時の行動が不可避とされる状況で、かつ、連邦議会の適時の集会に克服し難い障害があり、また議決不能のとき」には、「3分の2は連邦議会議員、3分の1は連邦参議院構成員」で構成される「合同委員会」（53a条1項）が「委員の過半数かつ投票の3分の2以上」の特別多数で「防衛事態の確認」を行うことができます（基本法115a条2項）。「防衛事態の確認」は連邦大統領により連邦法律官報で公布されますが、この公布により軍隊に対する命令権および指揮権は連邦首相に移行します（基本法115b条）。合同委員会および連邦政府が危険防止のためにとった措置は、連邦議会および連邦参議院の議決によって廃止され、また連邦議会はいつでも連邦参議院の同意を得て、防衛事態の終了を宣言できます（基本法115l条2項）。

　このように、ドイツ連邦共和国基本法では「防衛事態」の認定から講和に至るまでの場面で議会が関与する制度が整えられています。さらには裁判的な統制も基本法で明記されています（115g条）。

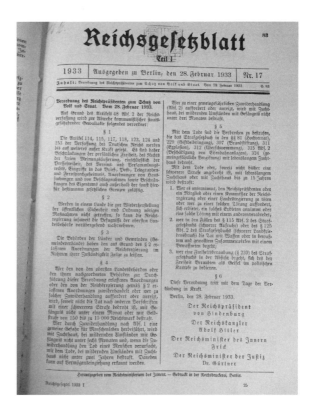

「国会炎上命令」
(1933年のドイツの官報、Reichsgesetzblatt, 1933 Ⅰ, S. 83.)
早稲田大学所蔵。

引用・参考文献

- 水島朝穂早稲田大学教授のブログ「ドイツ基本法の緊急事態条項の「秘密」」〈http://www.asaho.com/jpn/bkno/2016/0201.html〉

(いいじま・しげあき)

第3部　世界の緊急事態条項

フランスの緊急事態条項

石川裕一郎　聖学院大学政治経済学部教授

　フランスの緊急事態法制には、大きく分けて以下の3種類があります。憲法に規定がある大統領の①非常事態措置権と②戒厳（合囲状態）、そして法律で定められている③緊急状態です。以下、順にみてゆきます。

1 ｜ 大統領の非常事態措置権

　大統領の非常事態措置権とは、「共和国の諸制度、国の独立、その領土の保全又は国際協約の履行が重大かつ直接的に脅かされ、かつ、憲法上の公権力の正常な運営が中断されるとき」に、大統領が「首相、両院議長および憲法院に公式に諮問した後」にとりうる措置権（憲法典16条1項）のことです。「強力な大統領権限」という現行の第五共和国憲法典（1958年制定）の特徴を如実に表す規定です。実際、この権限に対しては「大統領の独裁につながりかねない」との批判が繰り返し表明されてきましたが、現実に発動されたのは今までただ一度だけです。また、この権限の発動条件は〈国家権力が直接的な危機に瀕している〉ことなので、たとえ大規模であっても「犯罪」として処理されるべきテロ行為、あるいは自然災害は対象となりません。

　その唯一の発動例は、1961年、当時独立戦争のさなかにあったアルジェリアの独立を承認する方針を固めていたド＝ゴール大統領に反旗を翻した退役将軍4人による反乱が発生した際です。この反乱は事実上数日で鎮圧されたにもかかわらず、権限発動は実に5カ月以上におよびました。そして、その間、憲法に規定のない例外裁判所の設置、司法手続を経ない身柄拘束である「強制収容」制度、出版の自由の制限などが実行されます。当時、その発動期間は実質的に大統領の自

114　第3部　世界の緊急事態条項

由裁量に委ねられており、そこに立法府や司法府が関与する仕組みは存在しなかったのです。なお、その翌年にフランスの行政最高裁判所にあたるコンセイユ・デタは「この発動は『統治行為』なので司法審査に服さない」との判断を下しています。

大統領のこの強力な権限に対して、国会や憲法院(フランスの憲法裁判所)が一定程度関与する仕組みが2008年の憲法改正によって導入されました。具体的には、①権限行使の際に大統領は憲法院に諮問できる、②権限行使から30日経過後に国民議会(下院)または元老院(上院)の議長もしくは60名の上下院いずれかの議員の連名をもって、その行使条件の合憲性審査を憲法院に付託できる、③行使から60日経過後に憲法院は自ら職権でその合憲性を審査できる、④権限行使の際は当然に国会が召集され、かつ行使中に下院は解散されないことが定められました。こうして、大統領の恣意的な権限発動の抑制が図られたのです。

2 ｜ 戒厳(合囲状態)

戒厳(合囲状態)について、憲法典は簡潔に「戒厳令は、閣議を経たデクレ(行政権が定める実定法規範)によって発せられる」「12日を超える戒厳令の延長は、国会によらなければ許諾されない」(36条)と規定するのみですが、制度そのものの淵源は二月革命直後の1849年の法律に遡ります。それによると、戒厳とは、戦争または国内の武装反乱に際して、一定地域の立法・行政・司法等の文官に属する権限を軍当局に委ねることです。

以上のことからもわかるとおり、戒厳は、19世紀から20世紀前半にかけてフランスがドイツのような直接国境を接する国々としばしば交戦した時代を背景とするものであり、いまや時代遅れの制度と言えます。実際、現行憲法下で戒厳が発せられたことは一度もありません。そのため、2016年の憲法改正案において廃止されることになったのですが、この改憲案そのものが成立前に取り下げられたため、戒厳の規定は現在も憲法に残っています。

3 ｜ 緊急状態法

日本での緊急事態条項論議の際にしばしば参照されるのが、フランスの緊急状

態法です。本法律の制定は第四共和制下の1955年、アルジェリア民族解放戦線による独立戦争が始まり、フランス社会が騒然としていた時でした。その概要をみてみましょう。

　本法律は、緊急状態を宣言できるケースとして「公の秩序に対する重大な侵害に起因する差し迫った危機」、または「その性質及び重大性により公の災害という性格を有する事態」が生じた時を挙げています。この宣言は閣議を経たデクレによってなされ、あわせて対象地域も決定されます。期間は12日以内です。それを超える場合は国会の承認（緊急状態を延期する法律。その場合も確定的な期間を定める必要がある）を要します。なお、この法律は、政府が辞職あるいは国民議会が解散した場合、その15日後に失効します。

　緊急状態宣言から生じる効果は以下の通りです。まず、宣言対象地域に含まれる県の知事に①一定の区域・時間内の人および車両の交通の禁止、②一定の人物の滞在が規制される保護区域または安全区域の設定、③一定の人物の滞在の禁止といった権限が認められます。また、内務大臣は、④一定の人物に対して居所指定を命じることができます。さらに、内務大臣と県知事は、⑤対象地域内の劇場、酒類販売店および集会場の閉鎖、⑥所持する武器の引渡し、⑦昼夜を問わない家宅捜索などを命じることもできます。

4 ｜ 緊急状態宣言の発動は計8回

　本法律制定から2014年まで、緊急状態宣言は計7回発せられました。アルジェリア戦争と第五共和制成立といった戦後フランスの激動期にあたる1950年代後半から60年代初頭にかけて3回、1985〜87年に独立運動が燃え上がったニューカレドニア等の海外領土において3回、および2005年の「郊外の若者の暴動」時です。

　そして2015年11月13日、死者130名というフランス史上最悪レベルといえる同時多発テロがパリで発生します。その同じ日、このテロがいまだ収束していない段階で、オランド大統領はフランス全土に通算8回目の緊急状態宣言を発しました（後に一部の海外県・海外公共団体に拡大）。この宣言は国会でも承認され、翌年3月まで延長されました。その後、2016年6〜7月にフランスで開催されたサッカー欧州選手権や自転車ロードレース「ツール・ド・フランス」をも理由とし

116　第3部　世界の緊急事態条項

て、緊急状態宣言は同年2月に、その後も5月、7月、12月に次々と延期が繰り返され、結局2017年4～5月の大統領選後の7月まで延期されています。まさに「例外」状態の「日常」化とでも呼ぶべき事態が今のフランスに現出しているのです。

　問題は、この間、無実のムスリム系市民の身柄拘束や家宅捜索が相次ぎ、また、テロとは関係ない環境保護活動家の行動が制限されるなど、警察権力による深刻な人権侵害がフランス中で発生したことです。これらのなかには、行政裁判所によって違法と判断されたケースも若干あります。そもそも緊急状態法の違憲性を指摘する専門家も少なくなく、実際、憲法院も、同法の家宅捜索と居所指定に関する規定の一部について違憲判断を下しています。その一方で、オランド政権は緊急状態を憲法で規定すべきと考え、2015年12月に憲法改正案を国会に提出しましたが、同じ改憲案に盛り込まれていた「国籍喪失条項」に対する批判が高まったこと、そして同条項について各々異なる法文で修正議決していた上下両院の合意を得る見込みが立たなかったこと等により、翌年3月に断念、取り下げています。

｜ 引用・参考文献

- 村田尚紀「フランスの『有事法制』」水島朝穂編著『世界の「有事法制」を診る』（法律文化社、2003年）。
- 矢部明宏「フランスの緊急状態法——近年の適用事例と行政裁判所による統制」『レファレンス』（63巻5号〔2013年〕5～26頁）。
- 豊田透「立法情報 フランス 緊急状態延長法の制定——パリ同時テロをめぐって」『外国の立法：月刊版：立法情報・翻訳・解説』（266巻1号〔2016年〕12～15頁）。

（いしかわ・ゆういちろう）

第3部　世界の緊急事態条項

韓国の緊急事態条項

李京柱 韓国仁荷大学法科大学院教授

　韓国には憲法に関連する国家緊急権と法律に基づく国家緊急権があります。ここでは両者の構造と内容を紹介します。

1 　憲法に関連する国家緊急権

　憲法に関連する国家緊急権には「戒厳令」と「緊急命令」があります。

1　戒厳令

　①内容と種類　憲法77条でいう「緊急事態」とは、「戦時」、「事変」または「これに準ずる国家非常事態」であり、軍事力でしか秩序維持ができない場合を指します＊。この際、大統領は「戒厳令」を宣布することができます。そして、敵との交戦事態にある場合には「非常戒厳令」、交戦状態にはないが警察力では秩序の維持ができない場合には「警備戒厳令」を宣布することとされています。

　戒厳令に関して戒厳法で決め細かく定められたのは、韓国には国家緊急権濫用の歴史があったからです。1949年の戒厳法制定以来、9回の戒厳令の宣布がありました。1950年の朝鮮戦争直後の非常戒厳（1950年7月8日から1953年7月23日）を除けば、「戦時」または「交戦」とはほとんど関係のない戒厳令ばかりでした。軍事クーデタのため、あるいは国民の抵抗権行使に対する武力鎮圧のためのものでした。

　戒厳法に基づく「戒厳令」が宣布されると、戒厳司令部が戒厳地域内の行政事務と司法事務を管掌します。「非常戒厳令」の時にはすべての行政と司法事務を握り

＊ ここでいう「戦時」とは、国家間の武力を中心とする闘争状態を意味し、「事変」とは武装集団による暴動などを指し、「これに準ずる事態」とは、武装または非武装群衆などによる秩序撹乱事態に限定されています（戒厳法2条）。「武力攻撃の恐れ」または「武力攻撃予測事態」などは念頭に置かれていません。

118　第3部　世界の緊急事態条項

ますが、「警備戒厳」の場合は軍事に関する行政と司法事務のみを掌握することになっています。

②戒厳令と軍令権　戒厳令が宣布されても、軍令権に関しては韓米相好安全保障条約に基づく「合意議事録」（1954年11月14日、正式名は「韓国に対する軍事および統制、援助に関する大韓民国と米合衆国間の合意議事録」）により、駐韓米軍の作戦統制（operational control）に服すことになっています。「作戦統制権」とは、軍に与えられた作戦任務に関して統制する権限です。戦時の効率的な作戦任務遂行のため、平時に戦略、戦術、支援、訓練に関する計画を立て、戦場における戦闘任務を統制するものです。つまりは軍行政と軍需を除き、指揮官としての各単位を運営する権限です。戒厳令が宣布された非常時でも、韓国の大統領の行使できる国家緊急権は軍令権を除いた、軍政権および一般行政と司法業務に過ぎません。

日米軍事協力の状況からすると、日本が憲法を改正して緊急権条項を挿入しても「指揮権問題」が発生すると思われます。

2　緊急命令

緊急命令権は一般的な緊急命令権と財政経済上の緊急命令・財政経済上の緊急処分権に分けられます。緊急命令権は国家の存在に関わる重大な交戦事態が発生したものの、警察力で対応できる場合に発令されます。

緊急権に関するこのような制限は、非常時の措置に関する憲法または法律上の概念が曖昧かつ漠然としていたために濫用された歴史があるからです。緊急命令の前身である緊急措置（1972年憲法53条）は、「国家の安全が脅威を受けるか受ける恐れがある場合」にとることができたため、大統領の恣意的な判断によって頻繁に発布され、国民の人権と自由が蹂躙されました。1980年憲法51条でも、「交戦状態またはこれに準ずる非常事態」とされたために濫用される可能性が高いものでした。

国民の民主化運動の成果を一定程度反映した現在の憲法（1987年制定）では、「国家の安全が脅威を受ける恐れ」または「交戦状態に準ずる非常事態」のような曖昧かつ漠然とした概念ではなく、緊急権発動の要件がより明確にされました。しかし、非常事態という概念そのもに依然乱用の可能性が残っています。

2 ｜ 法律上の緊急事態条項

1　非常対備資源管理法・徴発法・徴兵法

戦時、事変など非常時には人力の動員、物資の動員が必要であると主張されま

す。韓国における人力、物資など資源を動員するための有事法の代表的なものが「非常対備資源管理法」と「徴発法」です。

　①**非常対備資源管理法**　　同法は武器、弾薬などの物的資源のみならず、人的資源を効率的に動員するために常時活用計画の樹立、そしてその資源に関する調査などを行政機関の長にさせる一方、業者にもこれに必要な事項を申告するように定めています（10条）。さらには動員可能な物資の消極的な調査にとどまらず、重点管理が必要な業者を指定する積極的な国の役割も規定しています（11条）。指定業者に対しては施設の補強および拡張そして技術人力の養成と技術の開発を命令することができます。なお、国は非常対備業務を効率的にするため、大統領は全国または部門別に訓練の実施を命令することができます。とくに政府レベルの演習は軍事演習と並行して実施可能であるように定めたため、実戦さながらの演習ができるようになっています。

　②**徴発法**　　非常対備資源管理法が常時における非常時対備策であるとするならば、徴発法は非常時対策を実際に行うための有事法律です。徴発の対象になるのは食糧だけではなく、船舶、航空機、車両など、そして不動産および諸権利にまで及びます。とくに軍事作戦上必要な特許権などの諸権利も大統領令によって徴発できることにされています。

　非常戒厳令の時に戒厳司令官が徴発官になる場合を除けば、徴発官は国防長官です。しかし実際に徴発を行う徴発実施官は地方自治体の長です。なお、軍事作戦上、不可避な場合には現役将校も徴発をすることができます。

　③**兵役法**　　徴発法は主に「物資」などの徴発に関するものですが、人的物資に関する徴発については「兵役法」で定められています。兵役法によれば2年ほどの通常の兵役服務を済んだ予備役および予備役後の補充役なども、戦時、事変または動員令が宣布されると正規兵力あるいは軍事業務支援人力として召集されます。

　以上のような韓国の有事法をみると、人的動員と物的動員などに関する非常に具体的な法制が整備されていること、大統領を頂点とし総理大臣、国防長官（場合によっては戒厳司令官）、地方自治体の長に及ぶ、非常に中央集権的な危機管理体制が整備されていることが分かります。

2　「韓米戦時接受国支援協定」と米軍支援
　中央集権的な危機管理体制は米軍支援体制においても同じです。国を挙げての総力支援体制を裏づけるものは1991年7月、韓国と米国の間で仮調印された「戦時接受国支援協定」（Wartime Host Nation Support: WHNS）です。

戦時接受国支援協定とは、戦時に増員軍の迅速な配置と運用に必要な各種施設（港湾、道路、上水道）と物資（油類、弾薬）輸送、労務支援などに対する友邦国の支援内容と規模、費用分担の原則、これらのための平常時の準備と点検および訓練などについて定めた協定です。

米国は有事に際して軍需支援部隊を伴わない戦闘部隊を中心に増員軍を迅速に派兵し、協定締結国は米軍の戦闘に必要な油類、弾薬、給食などの戦時接受国支援といった軍需施設、人力、費用を支援して米軍支援戦力の早期化を確保することがこの戦時接受国支援協定の主な目的です。

戦時接受国支援協定といっても戦時にだけ適用されるわけではなく、平常時にも物資の備蓄、施設管理、人力動員体制を整わなければならず、平常時に行われる軍事演習の費用も負担することになっています。つまり、戦時と平常時を区別せずに包括的に適用される協定です。

こうしてみると、韓米安保条約下における韓米戦時接受国支援協定をはじめとする非常対備資源管理法、徴発法、兵役法などはまさに米国の「二重基地方式」つまり有事には本土の精鋭部隊を迅速に配置し海外から兵站支援を受けるという構想の実現であり、兵站の強化を図るものでもあります。

3 ┃ むすび

以上のように、韓国では「国民の人権のため」という大儀名分を揚げつつ、軍隊が国内外で軍事的な活動をはじめ、それを継続するための国内体制整備の一環として「国家緊急権」が整備されています。米軍支援のための国内体制整備とも繋がっています。日本の場合にも、こうした側面についても批判的に考察しておくべきであります。

┃ 引用・参考文献

- 이경주[평화권의 이해] (사회평론사,2014년) 李京柱『平和権の理解』(社会評論社、韓国、2014年)。
- 이계수[군사안보법의 연구] (UUP,2007년) 李桂洙『軍事安保法の研究』(UUP、韓国、2007年)。
- 권영성[헌법학원론] (법문사,2010년)権寧星『憲法学原論』(法文社、韓国、2010年)。

（リ・キョンジュ）

第3部　世界の緊急事態条項

トルコの緊急事態条項

吉田達矢 名古屋学院大学国際文化学部講師

1 ｜ はじめに

　トルコにおいて、2016年7月15日にクーデタが発生したことは記憶に新しいでしょう。

　クーデタは「失敗」という結果で翌日にはあっけなく終息しましたが、同月20日には非常事態（Olağanüstü Hal、略称OHAL）が宣言されました。そして、10月には90日間の非常事態の延長が決定され、2017年1月にはさらに（1月19日から）90日間の延長となりました。それでは、トルコの非常事態とはどのようなものであり、トルコの政治や社会にどのような影響を与えているでしょうか？

2 ｜ 非常事態に関連する憲法条文・法律

① トルコ共和国憲法（Türkiye Cumhuriyeti Anayasası）

　上記の非常事態宣言は現憲法の120・121条に基づいています。

　120条は「暴力事件の拡大および公共秩序の深刻な混乱を理由とする非常事態の宣言」として、以下のとおりです。

　「憲法により規定される自由民主主義体制の転覆または基本的権利および自由の一掃を目指す広範な暴力活動の深刻な兆候が認められる場合、または暴力事件を理由として公共秩序が著しく乱された場合には、大統領を議長として開催される閣僚会議は、国家安全保障会議の意見を考慮して、国土の1またはそれ以上の地域、もしくは全地域において、6ヶ月を超えない条件で非常事態を宣言できる。」

　続く121条では「非常事態に関する規定」として、次のように記されています。

122　第3部　世界の緊急事態条項

「(前略)非常事態ごとに個別に考慮されるものとして、憲法15条によって規定された基本的権利や自由の制限および停止、非常事態への対策の実施方法、公職従事者に付与される権限の内容、公職従事者の待遇の変更、および非常時の統治体制は、非常事態法により規定される。非常事態の期間中、大統領を議長として開催される閣僚会議は、非常事態に対処するために必要な問題について、法律と同等の効力を有する政令を発布できる。この政令は、官報に掲載され、同日中にトルコ大国民議会の承認に付託される。(後略)」

このように121条では、非常事態時には非常事態法に基づき、様々な権利や自由が制限されうることが明記されています。

② 非常事態法(Olağanüstü Hal Kanunu)

非常事態法(全34条)は法律2935号として1983年に制定され、これまでにも南東部に対して1987～2002年まで適用されたことがありました。しかし、今回の非常事態はトルコ全土を対象としています。とくにその11条では、外出や集会の禁止、新聞・雑誌などの印刷や発行を制限、劇や映画の検閲・禁止、などの措置がとられうることが記されています。そして、この非常事態法に基づき、現在まで様々な政令が発布されています。

3 │ 非常事態が続くトルコの諸問題

以下では、非常事態を長引かせている要因と思われる3つの問題について説明します。

① ギュレン運動[1]

今回の非常事態宣言の目的は、「我々の国における民主主義や法治体制、同胞

用語解説

1 **ギュレン運動**:イスラーム法を厳格に適用するイスラーム国家の樹立を目指しているわけではなく、政治活動も行っていません。強いて言うならば、イスラーム指導者であるギュレンが唱えるイスラーム的道徳・価値観に基づく善行運動(参加者は「奉仕運動〔トルコ語でヒズメット〕」と呼んでいます)でしょう。また、ギュレン運動は正式なメンバーというのがなく、実態は不明です。ギュレン派についても定義が曖昧で、「ギュレンの思想や運動に参加・賛同する者たち」くらいの意味でしょう。

トルコの緊急事態条項 123

の権利と自由に対するこの脅威を取り除くために必要な措置を、最も効果的かつ迅速に遂行するため」、とされました。それでは、上記の「この脅威」とは何でしょうか？　クーデタが失敗した直後からその首謀者はフェトフッラー・ギュレンというイスラーム指導者であると指摘されました(ギュレンは関与を否定しています)。ギュレンは、現代トルコにおいて最も影響力があるイスラーム運動「ギュレン運動」の精神的リーダーであり、1997年から現在までアメリカで事実上の亡命生活を送っています。クーデタの真相や全容はいまだ不明ですが、非常事態法に基づいて制定された諸政令によって、「ギュレン運動(政権側は「フェトフッラー系テロ組織〔略称FETÖ〕」と呼んでいます)」と関係があるとみなされた、数多くの私立大学、私立学校、私立学生寮・寄宿舎、財団、団体、通信社、出版社、テレビ・ラジオ局などが閉鎖されました。また、「ギュレン運動」系とされる幾つかの新聞や雑誌も発刊禁止となりました。さらには、「ギュレン運動」の参加・支持者(ギュレン派)とみなされた多数の公職者(官僚、役人、軍人、警察官、教員など)が停職や解任処分を受けました。その数は1万人以上にも達しています。

　2002年より現在まで議会の第一党であり続け、親イスラーム政党とされています公正発展党(略称AKP)とギュレン派は、もともとは密接な関係にありました。しかし、2012年ころから両者のあいだに対立がみえ始め、2013年にギュレン派検察がレジェプ・タイイプ・エルドアン(首相：2003～2014年、大統領：2014年～)の側近や親族に対する摘発に着手したことでギュレン派と政権との関係は急速に悪化し、2014年以降はギュレン派に対する激しい弾圧が行われてきました。クーデタ失敗以降の非常事態は、ギュレン派に対する粛清として利用されているという可能性も否定できないでしょう。

② クルド問題

　トルコには、南東部を中心に総人口の10～25パーセントにも達すると推定されているクルド人[2]が存在しています。そして、クルド人の独立国家建設をめざ

用語解説

2 **クルド人**：クルド人はトルコだけでなく、イラン、イラク、シリア、ヨーロッパなどにも居住しており、その数は3,000万人以上と推定されています。そして、「自分たちの国を持たない世界最大の少数民族」と言われています。彼らのほとんどはイスラーム教徒です。なお、トルコに居住するクルド人全てがPKKの活動に参加・同調しているというわけではありません。

して結成された「クルディスタン労働者党(略称PKK)」は、1980年代から2013年までトルコに対して武装闘争を行ってきました(PKKはトルコだけでなく、欧米諸国からもテロ組織とみなされています)。2013～15年にはPKKとトルコ政府とのあいだで停戦交渉が行われましたが、2015年7月に停戦交渉は破棄され、PKKは武装闘争を再開しました。これに対抗して、トルコ軍もPKKに対して大規模な軍事作戦を展開させています。トルコでは頻繁にテロが発生していますが、それらの一部はPKKやPKKの関連組織とされます「クルディスタン自由の鷹(略称TAK)」のメンバーが実行犯とされています。

③ IS（イスラーム国）

トルコは現在、シリア内戦に介入し、ISやシリアのクルド人組織の駆逐を目的として越境軍事作戦を展開しています。そのため、トルコのISメンバーや、ISの外国人メンバーによるテロも頻発しています。

4 おわりに

現在のトルコでは、これらの問題のほかにも、大統領制をめざすエルドアンの強権政治に対する反発もあります。しかし、非常事態が継続しているなかで言論統制も行われているために現政権の批判はしにくく、このような状況のなかで、この原稿を執筆している2017年1月には議会において憲法の改正審議も行われています。

引用・参考文献

- 「第7章 トルコ共和国」(平成12年度外務省委託研究「中東基礎資料調査——主要中東諸国の憲法」)〈www2.jiia.or.jp/pdf/global_issues/h12_kenpo/07turkey.pdf：最終閲覧日2017年1月19日〉。
- 「日本語で読む中東メディア」〈http://www.el.tufs.ac.jp/prmeis/news_j.html〉内の各トルコ語新聞記事。

（よしだ・たつや）

第3部　世界の緊急事態条項

パキスタンの緊急事態条項

清末愛砂 室蘭工業大学大学院工学研究科准教授

1 ｜ 印パ緊張関係と軍政

　パキスタンは、1947年8月に英領インドからインドとともに分離独立した国家です。分離独立時にはヒンドゥー教徒とムスリム（イスラーム教徒）の間で宗教の違いに基づく抗争が起き、また分離独立から間もない同年10月には、カシュミールの帰属をめぐり第一次印パ戦争が起きました。それ以後、現在にいたるまで両国の間では軍事的緊張が続いています。一方、国内的には、1958年にアユーブ・ハーン陸軍大将が軍事クーデターを敢行し、大統領に就任したことで最初の軍政が始まりました。独立から現在にいたるまで軍政、および軍部に支配された形式上の民政が繰り返されてきました（現在は民政）。

2 ｜ パキスタン憲法と緊急事態条項

　1956年に憲法が制定されたパキスタンでは、憲法上の緊急事態条項を正当化する理由として、対インド問題が用いられてきました。また、軍政の歴史の中で、政治的混乱や国内の反政府活動等への対処を理由に、大統領や軍部がたびたび緊急事態宣言や戒厳令を布告してきました。これらの下で人権は著しく制約され、また軍隊の出動により人々は緊張を強いられる生活を経験してきました。

　現行のパキスタン憲法（1973年4月12日制定。20回を超す改正）は、第10編（232条～237条）で緊急事態条項について定めています。大統領には、①戦争や外部からの攻撃、または州政府の統治権限を越すレベルの内乱により、国家の安全が脅かされる事態が生じたとき（232条1項）、②各州で憲法秩序に基づく統治が困

126　第3部　世界の緊急事態条項

難となる事態が生じたとき(234条1項)、および③財政危機が生じたとき(235条1項)に緊急事態を宣言する権限が付与されています。

　また、緊急事態宣言が効力を有する間は、憲法が保障する移動の自由(15条)、集会の自由(16条)、結社の自由(17条)、貿易や商業等の自由(18条)、言論等の自由(19条)、財産権の保護(24条)は、国家機関(連邦政府や州政府、連邦議会や州議会等)が立法その他行政上の措置をとる権限を制限する条項とはならないとされています(233条1項)。すなわち、これらの憲法上の権利を否定する立法等の措置をとることが認められているのです。

3 ｜ 2007年11月の緊急事態宣言

　2007年11月3日、パルヴェーズ・ムシャッラフ大統領＊(当時)は、兼務していた陸軍参謀長の名の下で緊急事態を宣言しました。これは憲法に基づく大統領宣言ではなく、超法規的緊急事態宣言(事実上の戒厳令)でした。同日に「2007年第1号暫定的憲法令」が発令されました。同緊急事態宣言により憲法は一時停止されましたが、同憲法令は大統領令に基づきながらもできるだけ憲法に従った統治がなされることを明記していました。しかし、同時に大統領令に基づく憲法の修正を認め、憲法が保障する人身の保護(9条)、不法な逮捕や拘禁からの保護(同10条)、移動の自由(15条)、集会の自由(16条)、結社の自由(17条)、言論等の自由(19条)、および法の下の平等(25条)の一時停止も明記していました。すなわち、大統領令による恣意的な憲法修正を可能とし、憲法上の基本的人権が否定されたのです。

　同日に「2007年判事宣誓令」も出されました。これにより、最高法院長官を含む最高法院、連邦シャリーア(イスラーム法)法廷、高等法院の全ての判事が、緊急事態宣言と2007年第1号暫定的憲法令に従って職務遂行するよう宣誓することを義務づけられました。かくして司法の独立も否定されました。

　2007年の緊急事態宣言は、①テロ行為の激化により国民の生命や財産が重大

用語解説

＊ **パルヴェーズ・ムシャッラフ大統領**:1999年10月、陸軍参謀長として軍事クーデターを起こし、政権を転覆。行政長官を経て、2001年から2008年まで大統領。2013年、判事の身体拘束や国家反逆罪の容疑で逮捕・訴追。

な脅威にさらされている、②司法関係者がテロに対する闘いに矛盾する行動をとり、それが政府の力を弱体化している、③司法関係者による行政への介入が増加している等を主な理由として布告されました。しかし、その真の思惑は、ムシャッラフによる陸軍参謀長の兼務に異を唱える司法関係者、とりわけ判事を抑え込むことにありました。なぜなら、2007年10月6日実施の大統領選に彼は陸軍参謀長の地位を保持したまま臨みましたが(圧勝)、その直前に元最高法院判事等により立候補資格に関する訴訟が提起されていたからです。

　憲法上、下院議員選出資格がない者は大統領に選出される資格がなく(41条2項)、また公職(陸軍参謀長を含む)に従事している者は下院議員への選出資格がありません(63条1項d号)。しかし、同時に同法63条1項d号は、法律に基づく宣言によりその選出資格が認められている公職を除くとする適用除外を規定しています。これを利用する形で、ムシャッラフによる陸軍参謀長の兼務を可能とする「大統領兼職法」が2004年に制定されました。一方、彼は国民に対し2004年末までに陸軍参謀長を辞職する約束をしていたため、2007年の大統領選にいたるまでに彼の再選に反対する人々の声が高まりました。そこで、彼は反対派の一人であった最高法院長官を同年3月に停職処分にする強硬手段に出たのです。これに反発した弁護士等による強い抗議に呼応する形で、反ムシャッラフの社会的機運が一段と高まりました。

　これらが2007年の緊急事態宣言の背景にある経緯です。ムシャッラフは同年11月28日に陸軍参謀長を辞職し、翌日に文民大統領としての宣誓を行いました。それを経て12月15日に緊急事態宣言が解除されました。なお、2009年7月31日、最高法院は同宣言の違憲判決を出しています。

4 ｜ 2007年の緊急事態宣言下での人権侵害

　多数の判事は2007年判事宣誓令に従わなかったため、職を解任されました。また多数の弁護士、ジャーナリスト、教員、学生、労働組合の指導者、人権活動家が襲撃・逮捕(自宅軟禁を含む)され、連行先で拷問を受けました。

　民間人権団体「パキスタン人権委員会」の本部事務局長であり、著名な人権平和活動家兼ジャーナリストであるI.Aラフマン氏(86歳)も自宅軟禁された一人でした。以下では、本人から聞き取ったことを簡単に紹介します(2016年9月26日、

ラホール本部事務所にてインタビュー）。

　緊急事態宣言布告の翌朝、ラフマン氏を含むパキスタン人権委員会のメンバー約30人が本部事務所で同宣言に対する抗議デモについて話し合いをしている最中に、警察が数台の護送車をともなってやってきました。会議出席者全員が即座に逮捕され、警察署に連行されました。多くは数時間拘束された後に保釈金を払って釈放されましたが、ラフマン氏ともう一人は警察の監視下で2週間自宅軟禁されました。当時はムシャッラフに反対する者は誰でも逮捕されるような状態でした。

　ラフマン氏は、軍政やそれが引き起こす人権侵害に抗する活動に長年従事してきました。それゆえに、「経験上、緊急事態条項は必要ないと学んだ。裁判所の権限を奪い、人権を制約するからだ。どんな国でも緊急事態条項は権力者が自己保身のために用いる手段にすぎない」と断言しました。また、「緊急事態条項が必要とされるような例外的状況としては、たとえば地震のような自然災害が考えられるが、その場合でもあくまで被災者救援のためでなければならず、権力者が人を逮捕するために用いてはならない。もっとも災害対策用の法律が別途あるならば、憲法上、緊急事態条項は必要ない」と力説しました。私たちはリアルな経験に裏づけされたラフマン氏の言葉の一つひとつから学ぶ必要があるのではないでしょうか（本書138頁に、同緊急事態宣言下で逮捕された弁護士のインタビューを収録してあります。ご参照ください）。

参考文献

- Zaka Ali, The Constitution of the Islamic Republic of Pakistan（2016 Edition）, The Ideal Publishers, Karachi, 2016.
- 中野勝一『パキスタン政治史──民主国家への苦難の道』（明石書店、2014年）。
- Hamid Khan, Constitutional and Political History of Pakistan（Second Edition）, Oxford University Press, Karachi, 2009.
- Human Rights Commission of Pakistan, State of Human Rights in 2007, Lahore, 2008.

（きよすえ・あいさ）

第3部　世界の緊急事態条項

インドネシアの緊急事態条項

佐伯奈津子　名古屋学院大学国際文化学部講師

1 ｜ はじめに

　「あなたの命は、（アチェ人）10万人の命と同じなのですよ。あなたの身にな
にかあったら、外交問題に発展します」——これが、軍事緊急事態下のアチェへ
の入域許可を取ろうとしたわたしに対する、インドネシア国軍司令官補佐官の言
葉でした。

　インドネシア政府と独立を求める自由アチェ運動とのあいだで内戦状態にあっ
たアチェ州（スマトラ島北西端）では、両者の和平協議（東京）が決裂した翌日、
2003年5月19日から軍事緊急事態が宣言されました。外国人の入域が極端に規
制され、わたしが知る限り外国人は誰もアチェを訪問できませんでした。密室状
態になったアチェでは、インドネシア国軍が軍事作戦を展開、1年間で3,000人
もの人びとが殺害されました。

　アチェ人の命が、外国人であるわたしの10万分の1とまで軽んじられ、その
外国人の行動も規制される緊急事態状態とは、どのようなものなのでしょうか。
本稿では、インドネシアで緊急事態条項に関する法律が成立した歴史的背景、そ
の条項の内容、軍事戒厳令下のアチェでの人びとの暮らしについて述べます。

2 ｜ 植民地からの独立と国家統一の過程で

　1945年8月17日に独立を宣言したインドネシアは、オランダとの独立戦争を
経て、1949年のハーグ円卓会議で、国際的にその主権を認められ、連邦共和国
として成立しました。連邦共和国は16の国と自治地域から成っていましたが、

インドネシア共和国への編入が進められ、1950年に単一の共和国となります。このとき公布・施行されたのが、それまでの45年憲法に代わる暫定憲法（50年憲法）でした。この暫定憲法は、基本的人権と代議政体について詳細に規定し、大統領の権限を制限するものでした。

　しかし、1950年代のインドネシアでは、共和国に対して、各地で反乱が起きました。アチェ、西ジャワ、南スラウェシではイスラーム国家の樹立を求めるダルル・イスラーム運動がありましたし、西スマトラのプルメスタ反乱（全体闘争）は、インドネシア共和国革命政府樹立を宣言、その勢力をスラウェシ、マルクまで拡大させました。

　このような状況下で、当時のスカルノ大統領は、インドネシア全域、もしくは反乱の起きている各地で、戦争事態や戦争緊急事態を宣言する大統領決定を発布しました。これらが法制化されたのが、「危機事態に関する1957年法律第74号」です。さらにスカルノは1959年、暫定憲法を停止し、大統領に強大な権限を与える45年憲法への復帰を決定します。改憲を受け、1957年法律第74号は、「危機事態に関する1959年法律第23号」として改定されました。この1959年法律第23号が、現在にいたるまで、インドネシアの緊急事態を規定するものとなっています。

3 ｜ 危機事態で制限される人びとの自由

　45年憲法12条から委任された1959年法律第23号では、反乱、騒乱、自然災害によって治安や法秩序が脅かされ、通常の手段では解決できないと懸念される場合や、戦争で領土が侵略される恐れがある場合に、国軍最高司令官である大統領が危機事態を宣言すると定められました。危機事態には、文民緊急事態、軍事緊急事態、戦争状態の3つのレベルがあります（1条）。

　危機事態下では、最高支配権を握る大統領を、関係閣僚、陸空海軍参謀長、国家警察長官が支えます。地方レベルでは、文民緊急事態なら地方首長、軍事緊急事態や戦争事態なら軍管区・軍分区司令官が支配します（3～6条）。そして、危機事態が宣言された場合、これら危機事態当局は、現行の法律を逸脱することを許されるほどの絶大な権限を与えられ、人びとの行動の自由は大幅に規制されることになるのです。

インドネシアの緊急事態条項　131

たとえば文民緊急事態当局は、治安を乱すために用いると考えられる物品を調べ押収する権限(15条)、公開の会議の前に許可を取ることを義務づけたり、建物などに入り使用することを規制したりする権限(18条)、人が家の外にいることを規制する権限(19条)、疑わしい人の身体や衣服を調べる権限(20条)などを有します。

これに加えて、軍事緊急事態当局は、シビリアン・コントロール(文民統制)をなくすことができます(24条)。そのような状況下では、郵便・通信が統制されたり、劇場・会議場・食堂・娯楽施設・工場・店舗等が一時閉鎖されたり、軍事緊急事態下にある地域への物品の流入もしくは地域からの流出が規制・禁止されたり、当該地域での物品の流通が規制・禁止されたり、陸空海の交通が規制・禁止されたりします(25条)。公演や出版物の印刷も規制されます(26条)。手紙・小包・電報の秘密もなくなります(27条)。当局は、人がある場所に住むことを禁止する権限(28条)、軍事緊急事態下にある地域から出ることを禁止する権限ももっています(29条)。治安・国防のための勤労義務を課すこともできます(30条)。

戦争事態当局には、さらに物品を供出させる権限(37〜39条)、治安・国防のため国民を徴兵する権限(41条)なども与えられています。

4 │ 軍事緊急事態下のアチェでは

もっとも最近に軍事緊急事態下におかれたアチェで、外国人の入域が厳しく制限されたことは、冒頭に書いたとおりです。軍事緊急事態が宣言される前も、令状なしの逮捕や拉致、殺害にいたるまで、アチェでは超法規的な措置が日常茶飯となっていましたが、軍事緊急事態の適用によって、とくに制限されたのが移動・居住の自由でした。

自由アチェ運動の勢力が強いと考えられている地域の住民は、町のスタジアムなどに強制的に収容されました。これによって、5万人が域内避難民となりました。軍事緊急事態が終了し、故郷に戻った住民は、家が焼き討ちされていたり、家畜が盗まれていたりする現実に直面しなくてはなりませんでした。

自由アチェ運動と民間人を区別するため、インドネシア国旗の色である紅白の身分証明書が導入されました。インドネシアでは、民事登録事務所が身分証明書を発行しますが、この紅白身分証明書は郡庁、国軍、警察が署名するものでした。

治安部隊による一斉取締りで、紅白身分証明書を携帯していないことが判明すれ
ば、それだけで自由アチェ運動のメンバーとみなされます。紅白身分証明書は、
まさに命綱でした。

　交通の規制・禁止は、漁船に対しても適用されました。漁民は週に1回、海兵
隊詰所に出頭し、小さなメモ帳に日付、名前、村の名前を記し、海兵隊にハンコ
を押してもらうことで、漁に出る許可を得なくてはなりませんでした。2004年末、
アチェ沖を震源地とする大地震が起きたとき、津波でこのメモ帳が流され、海兵
隊に殴られた漁民もいました。

5 ｜ おわりに

　2004年の地震を契機に、インドネシア政府と自由アチェ運動は和平合意を結
び、30年におよぶ内戦は終結しました。平和になってなにより人びとが喜んだ
のは、自由に移動できることでした。水田や農園に、商売に行くことすらできず、
人びとの暮らしは破綻していたからです。

　日本に暮らすわたしたちにとっては、あまりに当たり前すぎて、その価値に気
づきづらいかもしれません。しかし、軍事・文民緊急事態を経験したアチェの人
びとは、恐怖を覚えることなく、自由に移動できるということが、どれほど貴重
なことか、身をもって知っているのです。

｜ 引用・参考文献

■佐伯奈津子『アチェの声——戦争・日常・津波』（コモンズ、2005年）。

（さえき・なつこ）

第3部　世界の緊急事態条項

緊急事態条項と国連・地域人権機構

川眞田嘉壽子 立正大学法学部教授

1 ┃ はじめに

みなさんは、国際連合(国連)や欧州・米州(南北アメリカ)の地域人権機関において、人権保障を実現していくために、さまざまな人権条約が成立しているのを知っていますか。それは、第二次世界大戦中に起こったナチズムによるホロコーストに象徴されるように、人権を侵害する国は平和を破壊し戦争を引き起こすという反省から、平和を実現するために各国が人権保障を推進する体制を確立しなければならないという認識が国際社会に広がったことが背景にあります。そうした認識に基づいて第二次世界大戦後、国連の普遍的レベル(国際人権規約、女性差別撤廃条約、拷問等禁止条約等)や地域人権機関の地域レベル(欧州人権条約や米州人権条約等)でさまざまな人権条約が成立して、国際的な人権保障の体制が形成されていったのです。

しかしながら、自然災害、テロおよび感染症等の発生に伴って非常事態宣言が発令されるような緊急事態の場合に、これら人権条約には、緊急事態を前提とした「人権保障からの逸脱(derogation：適用停止)条項」が盛り込まれ、緊急事態でも逸脱不可能な(絶対守らなければならない)人権[*]を定めているものがあります。言い換えると、人権条約では、緊急事態において一定の人権の制約が必要になることがあるとしても、それが濫用されてはならないし、緊急事態においても絶対に

用語解説

[*] **逸脱不可能な人権**：国家が存立の危機に直面する緊急事態にあってもなお、国家がその遵守義務を免れることのできない(絶対守らなければならない)人権規範

守らなければならない人権があると考えられているのです。緊急事態における「逸脱不可能な人権」という考え方は、「人間の尊厳」「人権の不可侵性」という思想に立脚したものです。

2 ｜ 自由権規約（国際人権規約）と緊急事態

　緊急事態における逸脱条項が含まれる人権条約はいくつかありますが、逸脱不可能な人権まで規定しているのは、自由権規約（国際人権規約）、欧州人権条約、米州人権条約の3つのみです。

　日本も締約国（メンバー国）である1966年に成立した自由権規約4条1項では、「国民の生存を脅かす公の緊急事態の場合においてその緊急事態の存在が公式に宣言されているときは、この規約の締約国は、事態の緊急性が真に必要とする限度において、この規約に基づく義務に違反する(derogate［下線筆者］：日本政府の公定訳では「違反する」と訳されていますが、正確には「逸脱する」とすべきです。)措置を取ることができる。ただし、その措置は、当該締約国が国際法に基づき負う他の義務に抵触してはならず、また、人種、皮膚の色、性、言語、宗教又は社会的出身のみを理由とする差別を含んではならない」。同2項では、1項の規定は、6条（生命に対する権利）、7条（拷問または非人道的な刑罰の禁止）、8条1項および2項（奴隷・隷属状態の禁止）、11条（契約不履行による拘禁の禁止）、15条（刑罰の不遡）、16条（人として認められる権利）、および18条（思想・良心・宗教の自由）の規定に違反することを許すものではない、と規定されています。3項では、条約義務からの逸脱に至った理由を他の締約国に通知する旨定めています。

　日本はこの条約の締約国ですから、この条約の内容を国内で実施（実現）していくという条約上の義務を負っています。日本の国内法制度において、条約は憲法の次に効力をもっている重要な法規範として位置づけられています。

3 ｜ 地域人権条約と緊急事態

　同様な規定は、地域人権条約である1950年に欧州評議会で採択された欧州人権条約（15条1項・2項・3項）や1969年に米州機構で採択された米州人権条約（27条1項・2項・3項）にも存在します。緊急事態においても逸脱を許されない人権として、

欧州人権条約では、生命に対する権利、拷問の禁止、奴隷および隷属の禁止、法律に基づかない処罰の禁止が規定されていますが、ここでは対象の人権の数が自由権規約に比較すると少なく、「不可侵の権利」「欧州のミニマムスタンダード」と位置づけられています。一方米州人権条約では、法の前に人として認められる権利、事後法からの自由、良心および信教の自由、家族の権利、姓名をもつ権利、子どもの権利、国籍を持つ権利、参政権が提示され、これらの権利の保護に不可欠な司法上の保障のいかなる停止も認められない、とされています。米州人権条約の場合には、自由権規約と同様の人権が対象になっており、自由権以外の家族法に関する権利や参政権、司法的保護へと拡大しています。日本はこれらの地域人権条約の締約国ではありませんが、その運用では日本に重要な示唆を与えてくれます。

4 │ 人権保障からの逸脱が認められる基準

　これら3つの条約の規定は同一ではありませんが、人権保障からの逸脱が認められるためには、共通する6つの基準が存在します。

　第1に、国民の生存を脅かす等条約の文言に沿った「緊急事態の存在」が必要です。自由権規約では「国民の生存を脅かす公の緊急事態」、欧州人権条約では「国民の生存を脅かす公の緊急事態」と規定されています。何が緊急事態なのかの判断は、各締約国の国内当局の判断が優先される傾向にあります。第2に、事態の緊急性が真に必要とする限度において取られる措置であるという「必要性の要件」があげられます。この措置は緊急事態の性格や範囲等に応じた均衡性・合理性をもつものでなければならず、緊急事態により条約からの逸脱が宣言されたとしても、この事態の緊急性が厳格に必要とする限度に限られるということです。第3に、人種、皮膚の色、性、言語、宗教または社会的出身を理由とする差別を含んではならないという「無差別の要件」があげられます。たとえば、国民と外国人を不当に差別するような措置は認められません。第4にその措置は、当該締約国が国際法に基づき負う義務に違反してはならないという「整合性の要件」があります。第5に、前述した条約上「逸脱不可能な人権」を明示することが求められます。第6に、その措置は関連の機関に通知する必要がある「国際的な通知の要件」です。関連機関（たとえば自由権規約の場合なら、国連事務総長）を通じて、規約の他の締

約国に通知されます。緊急事態権限の濫用を防ぐためにも、関係機関に通知する義務の意義は大きいものがあります。

5 | 人権条約からの示唆

　このように人権条約には、緊急事態における人権保障からの逸脱が規定されていますが、どのような場合に逸脱が認められのかの基準も一般化しています。そして、その基準の中でも一番重要なのは、条約には緊急事態における逸脱不可能な人権が明示されていることです。ただし、これら逸脱不可能な人権のリストに入らない人権が重要ではないということではなく、緊急事態であっても無制限に人権侵害を行わないよう最低限の基準を示したものと考えるべきです。

　日本の緊急事態条項に関する法整備を検討するにあたっては、自由権規約の締約国として、日本がこの条約の示す国際基準を守る義務を負っていることに留意しなければなりません。緊急事態の認定そのものも厳格な基準に従って行われ、人権制約も必要最小限とし、漠然と長期間に人権制約が行われないような法的枠組みを作ると同時に、逸脱不可能な人権を法律上明示することが不可欠です。

　戦後の国際社会の人権保障への取組みにおいて具体化されてきた「緊急事態における逸脱不可能な人権」という概念とそれに関する国際基準を、日本の緊急事態条項をめぐる議論の中に今後いかに組み込んでいけるのかに注視していきたい。

| 引用・参考文献

■ 寺谷広司『人権条約の逸脱不可能性』（有斐閣、2003年）。
■ 申惠丰『国際人権法（第二版）』（信山社、2016年）。
■ 関西学院大学災害復興制度研究所編『緊急事態条項の何が問題か』（岩波書店、2016年）。

（かわまた・かずこ）

緊急事態宣言下で逮捕された弁護士・元イスラーミヤ法科大学（カラチ）学長

アブラール・ハサン氏(81歳)は語る

基本的権利や人権、
司法の独立のために闘ってほしい

2017年1月8日、青山学院大学にて

　2007年11月3日の緊急事態宣言（事実上の戒厳令）の前段として、同年3月9日にムシャッラフにより辞任を迫られた最高法院長官がそれを拒否したため逮捕され、自宅軟禁下に置かれたという事件がありました。それに対し、弁護士が全土で抗議運動を開始しました。緊急事態が宣言された同年11月初旬当時、最高法院が軍籍を有するムシャッラフの大統領選立候補資格訴訟の判決を出すことが予想されていました。当時は司法の独立を求める弁護士による闘いも続いており、世論も彼の軍事独裁に大きな反感を抱いていました。軍と民の双方を支配したかったムシャッラフは、裁判所が彼に反する判断をすることを恐れていました。それが、緊急事態宣言につながったのです。

　緊急事態宣言の布告時に、2007年判事宣誓令が同時に発令されました。弁護士を含む司法関係者は、宣誓令に反対しました。司法の独立を求めて闘ってきたのですから当然のことです。その最中に私を含む多数の弁護士が逮捕されました。私は当時、シンド州弁護士会会長を務めていました。逮捕後はカラチ中央刑務所に連行され、1カ月間勾留された後に釈放されました。

　刑務所では独居房に入れられたまま、取調べは受けませんでした。最初に入れられた独居房にはテーブルや椅子等の設備は一切ありませんでした。最初の3日間は食事がひどかったので、食べることを拒否しました。水も蚊がわいている不衛生なものが与えられました。刑務所内の医者が私をたずねてきたのでミネラルウォーターを要求したところ、それを用意してくれたので、3日間はこの水だけを飲んでいました。当時の私はすでに72歳という高齢になっており、知り合いや外国人のジャーナリストたちが外からかけあってくれたおかげか、収監から3日後に調理設備やテレビがある独居房に移されました。

　私の経験から日本の皆さんに伝えたいことは、基本的権利や人権、司法の独立のために闘ってほしいということです。司法制度は極めて独立したものでなければなりません。また社会制度も同様に不当な介入を受けない、適正なものでなければなりません。

（訳・文責/清末愛砂）

第4部
資料／緊急事態条項

第4部　資料／緊急事態条項

1 ｜ 日本国憲法改正草案（自由民主党・2012年4月27日）

〈https://jimin.ncss.nifty.com/pdf/news/policy/130250_1.pdf〉

（最終閲覧日2017年4月13日）

第9章　緊急事態

第98条（緊急事態の宣言）　内閣総理大臣は、我が国に対する外部からの武力攻撃、内乱等による社会秩序の混乱、地震等による大規模な自然災害その他の法律で定める緊急事態において、特に必要があると認めるときは、法律の定めるところにより、閣議にかけて、緊急事態の宣言を発することができる。

2　緊急事態の宣言は、法律の定めるところにより、事前又は事後に国会の承認を得なければならない。

3　内閣総理大臣は、前項の場合において不承認の議決があったとき、国会が緊急事態の宣言を解除すべき旨を議決したとき、又は事態の推移により当該宣言を継続する必要がないと認めるときは、法律の定めるところにより、閣議にかけて、当該宣言を速やかに解除しなければならない。また、100日を超えて緊急事態の宣言を継続しようとするときは、100日を超えるごとに、事前に国会の承認を得なければならない。

4　第2項及び前項後段の国会の承認については、第60条第2項の規定を準用する。この場合において、同項中「30日以内」とあるのは、「5日以内」と読み替えるものとする。

第99条（緊急事態の宣言の効果）　緊急事態の宣言が発せられたときは、法律の定めるところにより、内閣は法律と同一の効力を有する政令を制定することができるほか、内閣総理大臣は財政上必要な支出その他の処分を行い、地方自治体の長に対して必要な指示をすることができる。

2　前項の政令の制定及び処分については、法律の定めるところにより、事後に国会の承認を得なければならない。

3　緊急事態の宣言が発せられた場合には、何人も、法律の定めるところにより、当該宣言に係る事態において国民の生命、身体及び財産を守るために行われる措置に関して発せられる国その他公の機関の指示に従わなければならない。この場合においても、第14条、第18条、第19条、第21条その他の基本的人権に

140　第4部　資料／緊急事態条項

関する規定は、最大限に尊重されなければならない。

　4　緊急事態の宣言が発せられた場合においては、法律の定めるところにより、その宣言が効力を有する期間、衆議院は解散されないものとし、両議院の議員の任期及びその選挙期日の特例を設けることができる。

2 ｜ 大日本帝国憲法下の緊急事態法制関連条文

　＊原文は旧字体ですが、読みやすさを配慮したために現行のものに変更しました。

○ **大日本帝国憲法**

　第1条　大日本帝国ハ万世一系ノ天皇之ヲ統治ス

　第8条　天皇ハ公共ノ安全ヲ保持シ又ハ其ノ災厄ヲ避クル為緊急ノ必要ニ由リ帝国議会閉会ノ場合ニ於テ法律ニ代ルヘキ勅令ヲ発ス

　此ノ勅令ハ次ノ会期ニ於テ帝国議会ニ提出スヘシ若議会ニ於テ承諾セサルトキハ政府ハ将来ニ向テ其ノ効力ヲ失フコトヲ公布スヘシ

　第14条　天皇ハ戒厳ヲ宣告ス

　戒厳ノ要件及効力ハ法律ヲ以テ之ヲ定ム

　第31条　本章ニ掲ケタル条規ハ戦時又ハ国家事変ノ場合ニ於テ天皇大権ノ施行ヲ妨クルコトナシ

　第70条　公共ノ安全ヲ保持スル為緊急ノ需用アル場合ニ於テ内外ノ情形ニ因リ政府ハ帝国議会ヲ召集スルコト能ハサルトキハ勅令ニ依リ財政上必要ノ処分ヲ為スコトヲ得

　前項ノ場合ニ於テハ次ノ会期ニ於テ帝国議会ニ提出シ其ノ承諾ヲ求ムルヲ要ス

○**戒厳令（明治15年太政官布告第36号）**

　第1条　戒厳令ハ戦時若クハ事変ニ際シ兵備ヲ以テ全国若クハ一地方ヲ警戒スルノ法トス

　第9条　臨戦地境内ニ於テハ地方行政事務及ヒ司法事務ノ軍事ニ関係アル事件ヲ限リ其地ノ司令官ニ管掌ノ権ヲ委スル者トス故ニ地方官地方裁判官及ヒ検察官ハ其戒厳ノ布告若クハ宣告アル時ハ速カニ該司令官ニ就テ其指揮ヲ請フ可シ

　第14条　戒厳地境内ニ於テハ司令官左ニ記列ノ諸件ヲ執行スルノ権ヲ有ス但其執行ヨリ生スル損害ハ要償スルコトヲ得ス

第4部　資料／緊急事態条項　141

第一　集会若クハ新聞雑誌広告等ノ時勢ニ妨害アリト認ムル者ヲ停止スルコト

第二　軍需ニ供ス可キ民有ノ諸物品ヲ調査シ又ハ時機ニ依リ其輸出ヲ禁止スルコト

第三　銃砲弾薬兵器火具其他危険ニ渉ル諸物品ヲ所有スル者アル時ハ之ヲ検査シ時機ニ依リ押収スルコト

第四　郵信電報ヲ開緘シ出入ノ船舶及ヒ諸物品ヲ検査シ並ニ陸海通路ヲ停止スルコト

第五　戦状ニ依リ止ムヲ得サル場合ニ於テハ人民ノ動産不動産ヲ破壊燬焼スルコト

第六　合囲地境内ニ於テハ昼夜ノ別ナク人民ノ家屋建造物船舶中ニ立入リ検察スルコト

第七　合囲地境内ニ寄宿スル者アル時ハ時機ニ依リ其地ヲ退去セシムルコト

○治安維持法（大正14年法律第46号）

第1条　国体ヲ変革シ又ハ私有財産制度ヲ否認スルコトヲ目的トシテ結社ヲ組織シ又ハ情ヲ知リテ之ニ加入シタル者ハ十年以下ノ懲役又ハ禁錮ニ処ス

前項ノ未遂罪ハ之ヲ罰ス

○治安維持法中改正ノ件（昭和3年6月29日勅令第129号）

朕茲ニ緊急ノ必要アリト認メ枢密顧問ノ諮詢ヲ経テ帝国憲法第八条第一項ニ依リ治安維持法中改正ノ件ヲ裁可シ之ヲ公布セシム　裕仁

治安維持法中左ノ通改正ス

第1条　国体ヲ変革スルコトヲ目的トシテ結社ヲ組織シタル者又ハ結社ノ役員其ノ他指導者タル任務ニ従事シタル者ハ死刑又ハ無期若ハ五年以上ノ懲役若ハ禁錮ニ処シ情ヲ知リテ結社ニ加入シタル者又ハ結社ノ目的遂行ノ為ニスル行為ヲ為シタル者ハ二年以上ノ有期ノ懲役又ハ禁錮ニ処ス

私有財産制度ヲ否認スルコトヲ目的トシテ結社ヲ組織シタル者、結社ニ加入シタル者又ハ結社ノ目的遂行ノ為ニスル行為ヲ為シタル者ハ十年以下ノ懲役又ハ禁錮ニ処ス

前二項ノ未遂罪ハ之ヲ罰ス

○昭和11年勅令第18号一定ノ地域ニ戒厳令中必要ノ規定ヲ適用スルノ件廃止ノ件(昭和11年7月17日勅令第189号(2・26事件関連))

朕茲ニ緊急ノ必要アリト認メ枢密顧問ノ諮詢ヲ経テ帝国憲法第八条第一項ニ依リ昭和十一年勅令第十八号一定ノ地域ニ戒厳令中必要ノ規定ヲ適用スルノ件廃止ノ件ヲ裁可シ之ヲ公布セシム　裕仁

……

昭和十一年勅令第十八号ハ之ヲ廃止ス

附則

本令ハ公布ノ日ノ翌日ヨリ之ヲ施行ス

○国家総動員法(昭和13年法律第55号)

第1条　本法ニ於テ国家総動員トハ戦時(戦争ニ準ズベキ事変ノ場合ヲ含ム以下之ニ同ジ)ニ際シ国防目的達成ノ為国ノ全力ヲ最モ有効ニ発揮セシムル様人的及物的資源ヲ統制運用スルヲ謂フ

第4条　政府ハ戦時ニ際シ国家総動員上必要アルトキハ勅令ノ定ムル所ニ依リ帝国臣民ヲ徴用シテ総動員業務ニ従事セシムルコトヲ得但シ兵役法ノ適用ヲ妨ゲズ

(榎澤幸広)

3 │ 緊急事態条項(国家緊急権)に関する各国の規定(抜粋)

1　ドイツの緊急事態法制関連条文

○ヴァイマール憲法

第48条〔非常権限〕　ある州が、共和国憲法または共和国法律によって課せられた義務を履行しない時、共和国大統領は、武装兵力を用いてこの義務を履行させることができる。

②ドイツ国内において、公共の安全および秩序に著しい障害が生じ、またはその虞れがある時、共和国大統領は、公共の安全および秩序を回復させるために必要な措置をとることができ、必要な場合には、武装兵力を用いて介入することができる。この目的のため、共和国大統領は、一時的に第114条〔＝人身の自由〕、第115条〔＝住居の不可侵〕、第117条〔＝信書・郵便・電信電話の秘密〕、第118条〔＝意見表明等の自由〕、第123条〔＝集会の権利〕、第124条〔＝結社の権利〕、お

第4部　資料／緊急事態条項　143

よび第153条〔＝所有権の保障〕に定められている基本権の全部または一部を停止することができる。

　③共和国大統領は、本条第1項または第2項に従ってとった措置について、遅滞なく国会に報告しなければならない。これらの措置は、国会の要求があれば、失効するものとする。

　④危険が切迫している場合には、共和国政府は、その領域について、第2項に定められている態様の暫定的措置をとることができる。それらの措置は、共和国大統領または国会の要求があれば、失効するものとする。

　⑤詳細は、共和国法律でこれを定める。

○ ドイツ連邦共和国基本法

115a条（防衛上の緊急事態の定義及びその確定）　連邦領域が武力によって攻撃され、又は、このような攻撃が直前に差し迫っていることの確定は、連邦参議院の同意を得て、連邦議会がこれを行う。その確定は、連邦政府の申立てに基づいて行い、連邦参議院の投票数の3分の2以上の多数で、かつ、少なくとも連邦議会議員の過半数を必要とする。

　②状況からして不可避的に即時に行動することが必要とされ、かつ、克服しえない障害があって連邦議会が適時に集会することが妨げられ、又は、連邦議会が議決することが不可能なときは、合同委員会がその委員の投票数の3分の2以上の多数で、かつ、少なくとも過半数をもってこの確定を行う。

115b条（連邦首相の命令・指揮権）　防衛上の緊急事態の公布とともに、軍隊に対する命令権及び司令権は、連邦首相に移行する。

115g条（連邦憲法裁判所の地位）　連邦憲法裁判所及びその裁判官の憲法上の地位、及びその憲法上の任務の遂行は、これを侵してはならない。〔以下略〕

115l条（合同委員会の法律の廃止、防衛上の緊急事態の終了、講和）　連邦議会は、いつでも、連邦参議院の同意を得て、合同委員会の法律を廃止することができる。連邦参議院は、連邦議会がこのことについて議決すべきことを要求することができる。合同委員会又は連邦政府が、危険を防止するためにとったその他の措置は、連邦議会及び連邦参議院がこれを廃止すべきことを議決した場合には、これを廃止しなければならない。

（訳：飯島滋明）

144　第4部　資料／緊急事態条項

2　フランスの緊急事態法制関連条文

○第5共和国憲法典

第16条(非常事態措置権)　共和国の諸制度、国の独立、その領土の保全又は国際協約の履行が重大かつ直接的に脅かされ、かつ、憲法上の公権力の正常な運営が中断されるときは、共和国大統領は、首相、両院議長及び憲法院に公式に諮問した後、状況により必要とされる措置をとる。

②共和国大統領は、これらの措置を教書によって国民に通告する。

③これらの措置は、最短の期間内に、憲法上の公権力に対してその任務を遂行する手段を確保させる意思に即して実施されなければならない。憲法院は、この問題について諮問される。

④[この場合に]国会は、当然に集会する。

⑤国民議会は、非常事態権限の行使中は解散されない。

⑥非常事態権限行使の30日後に、国民議会議長、元老院議長又は60名の国会議員若しくは60名の元老院議員は、第1項に述べられている要件が充足されているか審査するために憲法院に付託することができる。憲法院は、最短期間内に、公開の意見を表明して裁定する。憲法院は、非常事態権限の行使の60日経過後、及びその期間を超えるといつでも、職権により当然に審査を行い、同一の条件において裁定することができる。

第36条(戒厳令)　戒厳令は、閣議を経たデクレ[1]によって発せられる。

②12日を超える戒厳令の延長は、国会によってしか認められない。

○緊急状態に関する1955年4月3日の法律第385号(2017年4月1日現在)

第1条　緊急状態は、本土、海外県、憲法典74条に規定される海外公共団体及びニューカレドニアの全部又は一部について、公の秩序に対する重大な侵害に起因する差し迫った危機が発生した場合、又はその性質及び重大性により公の災害という性格を有する事態が発生した場合、宣言されうる。

第2条　緊急状態は、閣議を経たデクレによって宣言される。このデクレは、それが施行される一又は複数の地域を決定する。

②これらの地域内において、緊急事態が適用される区域は、デクレにより定められる。

③12日を超える緊急状態の延長は、法律によってしか認められない。

④12日を超えて緊急状態を認める法律は、その確定的な期間を定める。

第4条 緊急状態の延長を定める法律は、政府の辞職又は国民議会の解散の日付から満15日[＝2週間]を経過した場合、失効する。

第5条 緊急状態の宣言は、本法律2条において定められた地域にその全部又は一部が含まれる県の知事に以下の権限を与える。

一 アレテ[2]によって定められた場所又は時間内の人及び車両の交通の禁止

二 アレテによる、人の滞在が規制される保護区域又は安全区域の設定

三 いかなる手段であれ公権力の行動を妨害しようとするすべての者に対する当該県の全部又は一部における滞在の禁止

第6条 内務大臣は、本法律2条のデクレにより定められた区域に居住し、かつ、その行為が本法律2条の地域における安全と公の秩序に対する脅威をなすと思料される重大な理由が存在するすべての者に対し、内務大臣が定める場所に居所指定を命じることができる。[…]

第6-1条 公の秩序への重大な侵害となる違反行為に参加した、又はその活動によりその違反行為に対する幇助若しくは教唆を行った結社又は事実上の集団は、閣議を経たデクレにより解散される。[…]

第8条 緊急状態が施行されている地域全体ついて内務大臣は、県について当該県知事は、2条に規定されるデクレにより定められた区域において、劇場、酒類販売店、及びあらゆる性質の集会場、とりわけ憎悪若しくは暴力の教唆又はテロの違反行為の教唆をなす、又はそのような行為を称賛する言動がなされる礼拝場の閉鎖を命じることができる。

第9条 8条に指定された行政機関は、[…]合法的に所持又は取得された武器及び弾薬の引渡しを命じることができる。

第11条第Ⅰパラグラフ 緊急状態を宣言するデクレ、又は緊急状態を延長する法律は、住所も含めたあらゆる場所について、その場所が、その行動が安全及び公の秩序に対し脅威をなす者が頻繁に通うと思料する重大な理由が存在する場合、明示的規定により、8条に指定された行政機関に対して、昼夜の別なく捜索する命令を発する権限を委譲することができる。ただし、議員職の行使、又は弁護士、司法官、若しくはジャーナリストの活動に充当されている場所は除く。

訳注

1. デクレ(décret)とは、大統領または首相による執行的決定のこと。一般的な効力を有し不特定多数に適用される行政立法(規則制定)行為と、特定の者のみに関わる個別的行為がある。行政立法行為については、「閣議を経たデクレ」、「コンセイユ・デタ(行政事件の最高裁判所と政府の諮問機関としての役割を有する政府機関。「国務院」とも言う)の議を経たデクレ」、「単純デクレ」がある。

2. アレテ(arrêté)とは、大臣、県知事、市町村長等による執行的決定のこと。法規範の階層においてはデクレの下位に位置する。デクレと同様に、一般的な効力を有する場合(例:外出禁止を命じる市町村長アレテ)と個別的な効力を有する場合(例:公務員の任命)がある。

(訳・訳注:石川裕一郎)

3 パキスタンの緊急事態法制関連条文
○パキスタン・イスラーム共和国憲法
10編:緊急事態条項

第232条:戦争や内乱等を理由とする緊急事態宣言 大統領は、戦争、外部からの攻撃又は州政府の統治権限を越すレベルの内乱により、パキスタン又はパキスタン内のいずれかの地域の安全を脅かすような重大な緊急事態が生じたと確信する場合に、緊急事態を宣言することができる。ただし、

州政府の統治権限を越すレベルの内乱を理由とする緊急事態宣言の場合、当該州の議会が同宣言を認める決議を採択していることが求められる。また、

大統領が自らの判断に基づいて緊急事態を宣言する場合、連邦議会(Majlis-e-Shoora)の各議院から承認を得るために、同宣言が10日以内に上下両院に提出されるものとする。〔2項以下略〕

第233条:緊急事態期間中の基本的人権等の一時停止の権限 緊急事態宣言が効力を有する間は、本憲法15条、16条、17条、18条、19条及び24条で保障されている人権規定[1]は、仮にこれらの規定が存在しない場合に、同7条[2]が定義する国家機関に認められる立法権限及びその他行政上の措置権限を制限しないものとする。ただし、同宣言が撤回された時点又は効力を失った時点で、緊急事態宣言に従って制定されたいずれの法も立法の適格性の欠如という点から効力を失い、廃止されたものとみなされる。〔2項以下略〕

訳注

1. 15条は移動の自由、16条は集会の自由、17条は結社の自由、18条は貿易や商業等の自由、19条は言論等の自由、24条は財産権の保護について規定している。
2. 7条が定義する国家機関とは、連邦政府、連邦議会、州政府、州議会、及び法に基づき課税権限が付与されている地方自治体ほかを意味する。　　（訳・訳注：清末愛砂）

4 │ 緊急事態条項に関するマスメディアの見解

○読売新聞2016年3月25日付社説

　国家のあり方を定めた最高法規が非常時の危機管理の規定を持たないことは、政治の不作為そのものではないか。

　大規模災害などに備える「緊急事態条項」の創設が憲法改正の重要テーマとなってきた。安倍首相は、「緊急時に国家と国民がどのような役割を果たすべきかを憲法にどう位置づけるかは大切な課題だ」と強調している。

　自民党も2012年の憲法改正草案にこの条項を盛り込んだ。首相が緊急事態を宣言すれば、法律と同一の効力を有する政令を政府が制定できることが柱だ。

　主要な論点は二つある。

　一つは、より効果的な被災者の救出・支援を行うための首相・政府権限の強化だ。現行の災害対策基本法にも緊急政令の規定があるが、物価統制など経済秩序維持に関する3項目に限られる。

　災害対策基本法は、阪神大震災や東日本大震災を受けて、何度も改正された。例えば、自治体の要請を待たずに、政府などが救援物資を供給できるようになった。だが、十分とは言い切れまい。

　南海トラフ巨大地震では、最悪のケースで死者約32万人、倒壊家屋約238万棟など、桁違いの被害が想定されている。

　憲法に緊急政令を位置づけ、その対象を広げて、円滑な被災者の避難や救援を可能にしておくことを真剣に検討すべきだ。

　野党には、政府権限の強化は国民の権利制限につながるとして、「憲法でなく、法律改正で対応すれば良い」との慎重論がある。

　だが、より多くの人々の生命や財産を守るため、居住・移転の自由や財産権などを一時的に、必要最小限の範囲で制限することは、広く理解を得られるはずだ。

むしろ危機管理の規定がないまま、政府が超法規的措置を取ったり、逆に必要な対策を講じられなかったりする弊害が大きい。だからこそ、多くの国の憲法が緊急事態条項を備えているのだろう。

想定外の事態に直面し、法律の不備が判明するのが過去の大災害の教訓である。国会の事後承認など一定の条件の下で、政府が柔軟で強力な措置を取れることを憲法に明記する意義は大きい。

もう一つの論点は、国政選の実施が困難な状況における国会議員の暫定的な任期延長である。

従来、そんな事態はなかったが、今後も起きない保証はない。衆院解散後に大震災が発生した場合、前議員が一時的に職務を果たせるようにするなど、国会の機能を維持する仕組みが欠かせない。

○朝日新聞2016年3月14日付社説から抜粋

〔前略〕権限集中の危うさ

「緊急時の国家、国民の役割を憲法にどのように位置づけるかは極めて重く大切な課題だ」

安倍首相は最近、こんな答弁を繰り返している。

自民党はきのう党大会で、憲法改正について「国民の負託を受けた国会で正々堂々と議論する」との運動方針を採択した。首相は、緊急事態条項の創設を、悲願である改憲の突破口にしようとしている。

自民党が12年にまとめた憲法改正草案の緊急事態条項は、首相が緊急事態を宣言した際、内閣は法律と同じ効力のある緊急政令を制定できるとしている。災対法と同様の内容だ。

ただし、この規定が法律にあるのと憲法にあるのとでは、その意味は決定的に異なる。

災対法の緊急政令は、災害時に不足が心配されるガソリンなどの譲渡制限や価格統制など、国民の財産権にかかわる3項目に限られている。極めて限定されているからこそ、憲法の範囲内と認められている。

自民草案には「法律の定めるところにより」とあるが、条文に具体的な限定はない。このまま憲法に規定されれば、内閣は幅広い権限を手に、私権の制限も可能になる。

また草案には、国などの指示に対する国民の順守義務も明記されている。思想、良心や表現の自由などは「最大限に尊重されなければならない」と人権に配慮する条文もあるが、裏を返せばこれらの権利にも制約がかかりうるということだ。

気がかりのひとつは、報道への規制である。「停波処分」をちらつかせる安倍政権の放送局への威圧的な態度をみれば、杞憂（きゆう）とは言えまい。

何を想定するのか

東日本大震災を受け、災対法は改正が重ねられた。災害緊急事態の布告によって医療施設の設置や廃棄物処理などへの法規制に特例が認められたり、道路に放置された車両も撤去できたりするようになった。首都直下や南海トラフの地震対策でも、新法や改正法ができた。

災害への備えに万全はない。法に不備がないかは、国レベルで不断に点検されるべきだ。同時に、何より大切なのは、住民保護の最前線に立つ市町村長や知事らが法によってできることを理解し、あらゆる事態を想定し、訓練を重ねることだ。

憲法改正が備えになるのか。

昨夏、東北の被災地で災害法制について調査した日弁連災害復興支援委員長の中野明安弁護士は「被災自治体は政府の権限を強める憲法改正など望んでいない。むしろ、より多くの権限を持たせてほしいというのが被災地の意向だ」と語る。

災害法制に詳しい別の関係者は、現行法の想定以上に、自民党の緊急事態条項がどんな状況に備えようとしているのか、具体的に想定できないという。

「何のために」をあいまいにしたまま、危機をあおる。集団的自衛権行使の例として、安倍首相が、現実味に欠ける中東・ホルムズ海峡の機雷除去を例に挙げた時もそうだった。

大災害というリスクに対し、憲法を改めることが安全・安心につながるかのような改憲論は、逆に、必要な備えを置き去りにする危険をはらむ。責任ある政治の議論とは思えない。

○毎日新聞2016年3月6日付社説
まずは必要性の検証を

災害大国である日本の法体系に不備はないのか。あるとしたらどう手当てすべきか。東日本大震災の経験を踏まえた点検は不断に必要だ。

その際の論点の一つに、緊急事態条項がある。緊急時の政府対応や国会議員任期の特例などを憲法に書き込んでおくべきか否か、である。

　憲法改正に執着する安倍晋三首相は、この条項の創設を改憲の突破口にしたいと考えているようだ。

　今年に入って「いよいよどの条項について改正すべきか新たな段階に入った」「緊急時の国家の役割を憲法に位置づけることは極めて大切な課題だ」などと述べている。2日には「私の在任中に成し遂げたい」と改憲の時期にまで踏み込んだ。

　首相は中身については何も語っていない。しかし、自民党が2012年にまとめた憲法改正草案の緊急事態条項を読む限り、とても容認できるようなものではない。

　まず、首相は「外部からの武力攻撃、社会秩序の混乱、大規模な自然災害」などに際して緊急事態を宣言できる。宣言が発せられると、内閣は「法律と同一の効力を有する政令」を制定できる。そして、国民は「何人も国その他公の機関の指示に従わなければならない」──。

　自民党案が、非常時における行政権限の大幅拡大と私権の制限に力点を置いていることは明らかだ。

　これに対し、緊急時でも守られるべき国民の権利を書き込むことこそ条項の目的だという意見も根強くある。緊急事態条項が権力に乱用されてきた歴史が各国にあるためだ。

　すなわち、緊急事態条項の趣旨や目的のとらえ方が、立場によって大きく異なり、共通理解の成立に至っていないのが実情である。

　議論を整理するには、何よりも5年前の検証作業が欠かせない。

　大津波の襲来と原子炉の暴走が同時進行したことで、避難指示の決め方から救援物資の搬送、自衛隊の派遣、放射能に関する情報提供まで、政府の初動は混乱を極めた。

　そこに法律の不備があったのか。法運用の仕方で解決できたものは何か。法律を超えて憲法上の根拠を必要とするものがあるのか。

　事実に即したこれらの検証なしに、緊急事態条項さえあれば今後は支障がないと考えるのは幻想だ。逆に冷静な検証を積み上げて初めて条項創設の是非は、まっとうな政治課題になるだろう。決して改憲のための改憲であってはならない。

　かけがえのない古里を追われた福島の人びとは、憲法25条の保障する生存権

を脅かされたままだ。改憲以前の過酷な現実が日本にはある。

○日本経済新聞2016年5月3日付社説から抜粋
大規模災害に備えよ

〔前略〕憲法を読み直し、不都合があれば立ち止まってみる。さまざまな選択肢があるはずだ。新たな法律をつくれば対応できるのか。憲法解釈を変更するのか。憲法本文をいじる場合でも書き足せばすむのか、書き直すのか。必要に応じて淡々と作業していけばよい。

現憲法は米軍の占領下でつくられた。そこにGHQ（連合国軍総司令部）の意志が反映されていたことはいろいろな証言がある。他方、GHQ案が多くの国民に歓迎されたことも事実である。生存権を定めた25条のように日本側が書き足した条文もある。

そうした経緯を考慮すれば「押し付け憲法だから、全てを捨て去る」という結論にはならないはずだ。改憲の実現という外形にこだわり、国民が反対しそうもない課題で実績をつくろうとする「お試し改憲」は好ましくない。

いま憲法に足りないのは何だろうか。日本は自然災害の多い国だ。東日本大震災などの際、備えが足りなかったのは、防災インフラだけではない。交通規制その他をみても法制度の不備がもたらした混乱は数え切れなかった。

日ごろから法律づくりに努めても、常に「想定外」はある。緊急事態の際、内閣が法律に準じる効力も持つ命令を発することができるようにする仕組みをつくっておくことは検討に値する。

一定期間内に国会が事後承認しない場合は失効すると定めれば、三権の均衡は保たれる。

ただ、自民党が12年にまとめた改憲草案の緊急事態条項は問題がある。緊急事態を(1)外部からの武力攻撃(2)内乱等による社会秩序の混乱(3)地震等による大規模な自然災害その他——と定めるが、範囲が広すぎる。

自衛隊の治安出動すら実例がないのに「社会秩序の混乱」に超法規的権限が必要なのか。民進党は緊急事態条項の新設をナチスの全権委任法になぞらえ、反対している。自民党は無用な誤解を招かないように「緊急事態は自然災害に限る」と明言すべきである。〔後略〕

○産経新聞2015年11月13日付（電子版）

憲法と緊急事態　国民守れぬ欠陥をただせ

　安倍晋三首相が国会の閉会中審査で、憲法改正による緊急事態条項の創設について「極めて重く大切な課題」であるとの考えを示した。

　有事や大規模災害といった緊急事態に、国民を守り抜くための規定が備わっていないことは、現憲法の重大な欠陥だ。

　憲法改正の核心となる9条改正で自衛権や軍に関する規定を明文化することに加え、緊急事態条項の創設は急務である。その必要性を積極的に国民に訴えてもらいたい。

　首相は、安全保障関連法の整備に際し、「（旧来の法制は）国民の命と平和な暮らしを守り抜く上で十分ではない。備えをしていくことが責任だ」と強調した。

　同じことは憲法にも当てはまる。だからこそ、自民党は9条改正や緊急事態条項創設を含む憲法改正草案をまとめたのだろう。

　東日本大震災では、災害対策基本法に「災害緊急事態」を布告する規定が設けられているのに、政府は活用しなかった。昭和36年の法制定時、「関東大震災級」への適用を想定していたが、東日本大震災は平時の仕組みで対応したことになる。

　緊急事態への備えが明記されていた明治憲法を学んだ人々は、官僚組織などを去った。緊急事態を想定しない現憲法の下で育った世代が政治、行政を占めている。そのことも影響していよう。

　東日本大震災を上回る被害が想定される首都直下型地震、南海トラフ巨大地震も警戒しなければならない。事前に想定できないような状況が生じる可能性がある。

　その時点で国会の審議を待っていては、国民の生命や財産を十分守りきれない。そうした事態を避け、政府が機動的に対応できるように、一時的に権限を首相など行政府に集めるのが緊急事態条項の要諦である。

　権限の集中を一定期間が経過した後、確実に解除する規定も併せて必要となる。

　昨年の衆院憲法審査会で、共産党を除く与野党7党は緊急事態条項の創設に賛成した。議論を進める素地は整っているはずだ。

　10日には東京の日本武道館に1万1千人の国民が集まり、早期の憲法改正発議を国会に求める大会を開いた。こうした機運を逃さず、真に国民を守るために不可欠な課題への取り組みを、安倍首相は行動で示してほしい

○河北新報2015年5月17日付から一部引用

自民提案『緊急事態条項』、今国会で議論　改憲と震災　直結に違和感

　　本格始動した国会の憲法改正論議で、自民党が改憲項目の一つに挙げた「緊急事態条項」が焦点になっている。大規模災害に備えた首相の権限強化と国民の権利制限が柱。東日本大震災で政府の初動が後手に回ったことへの反省も背景にあるが、当の被災地では震災の理由の一つにした改憲論議に戸惑いと反発が広がっている。〔後略〕

○西日本新聞2017年4月15日付（電子版）から抜粋

　　熊本激震……最前線ドキュメント　首相指示「青空避難を解消せよ」

　　　〔前略〕**「なぜ、避難者が寒空の下にいるんだ」**

　　首相の安倍晋三(62)は、熊本地震の「前震」が発生した昨年4月14日夜、都内のフランス料理店にいた。車を飛ばして首相官邸に戻り、直後に発した一言が混乱の始まりだった。

　　「なぜ、避難者が寒空の下にいるんだ」

　　〔中略〕鶴の一声は側近、官僚を通じて瞬く間に熊本県庁に届いた。新館10階の災害対策本部で、県総務部長木村敬(42)の携帯電話が鳴った。「青空避難者をただちに収容せよ」。木村は知事蒲島郁夫(70)の東大教授時代の教え子で、総務省から派遣された最側近の一人だ。

　　間断なく余震が続いていた。一晩で震度5以上の地震だけでも7回を数えた。「皆、屋内にいるのが怖くて外にいるんです」。木村は電話口で何度も叫んだ。東京からの電話は一晩中鳴り続けた。

　　15日、政府現地対策本部長として内閣府副大臣の松本文明(68)が県庁に入った。普段は温厚な蒲島が目をつり上げた。「現場が分かっていない」

　　次々に舞い込む被害情報と救急要請。現地は救命率が急落するとされる災害発生から「72時間」を意識した対応を最優先していた。そこに各省庁から優先度の低い指示や問い合わせが相次ぐ。「住民基本台帳システムはどうなっているのか」「県の災対(災害対策)本部に官邸とのテレビ会議用の大型モニターを置かせてくれ」――。

　　指揮に当たった県幹部は「上から目線の指示に苦慮した」と顔をしかめる。〔後略〕

5 緊急事態条項に関する各政党の立場

2017年3月16日衆議院憲法審査会での各政党議員の発言を一部引用

自民党	民進党	公明党
賛成	自民党改憲草案には反対	反対*
●緊急事態に関する要件でありますけれども、これまでの議論の中では大震災のような大規模災害ということにやや限定をされているわけでありますが、外国からの急迫不正の侵略やあるいは大規模な内乱、そういったあらゆる事態を想定して、緊急事態を宣言するということも考えておく必要があるかと思っております(船田元議員発言)。 ●非常事態という、その権限が最も要請される場面というのは、外国から武力攻撃を受けたときではないでしょうか。そうした究極的な非常事態、そんなことはないだろう、あり得ない、あったら困る、とんでもなく困るということで目をつぶっているわけにはいかないと思います。そうした事態	●私は、あの東日本大震災のときに総理の補佐官をやっておりましたので、あの緊急事態においてどのようなことが起こったのかということについて相当知り得る立場にあります。 〔中略〕 　例えば医療関係者や自衛隊関係者に対して、ここで、緊急事態において対応せよという業務命令は現行憲法下の法律で出すことができます。同時に、憲法29条、財産権についても、29条の中に公共の福祉についての記述がございます。したがって、緊急時におけるさまざまな土地の収用などの手続は現行憲法上許されておりまして、法律により対応可能であります。 　したがって、あえて緊急事態条項というのを新たに設けて政府に巨大な権	●憲法に緊急事態条項を設けて、内閣総理大臣への権限集中や国民の権利の制限の根拠を規定すべきとの意見があります。 　例えば大規模な自然災害のような緊急事態において、国会の議決する法律によらないで緊急政令の制定や地方公共団体の長に対する指示などが迅速にできるように、内閣総理大臣等への権限集中を認める根拠を規定すべきだとか、また、国民の権利を制限できる根拠を設けるべきとの考え方があります。 　しかしながら、こうした意見にも賛成できません。なぜなら、我が国の危機管理法制は相当程度整備されてきております。例えば、大規模災害時の災害対策基本法を初めとする災害対処法制、有事の際の武力攻撃事態等対

第4部　資料/緊急事態条項　155

がいつ起こるかというのはわからないわけでございまして、国として国民の平和と安全を守るためには、それに備えていく必要があると考えます（鬼木誠議員発言）。	限を付与する必要性は、少なくとも私の経験上ありません（細野豪志議員発言）。	処法制、国民保護法を初めとする有事法制、治安上の事態対処のための自衛隊法、警察法などであります（北側一雄議員発言）。

＊ 公明党は「秘密保護法」（2013年12月）、安保法制（2015年9月）でも、当初は反対・消極的な態度を示しているような対応をしていた。しかし、実際に法案審議になると、自民党と歩調を合わせて賛成の立場に回った。緊急事態条項に関しても、ここでは反対のような発言をしているが、実際に審議がすすむと自民党に同調して賛成に回る可能性があることを指摘しておく。

共産党	日本維新の会	社民党
反対	賛成？	反対
●明治憲法下で、治安維持法の重罰化法案が議会で廃案になったにもかかわらず、緊急勅令によって改悪されました。こうした緊急勅令の濫用によって挙国一致体制が築かれ、戦争へ突き進んだのであります。日本国憲法は、そうした痛苦の歴史と決別することを明確にし、再び戦争をしないと定め、国民主権と民主主義を貫く日本社会の進むべき道を示したのであります。	●憲法改正で緊急事態条項を設けるとした場合、緊急事態における何らかの決定を行う機関はどこか、例えば内閣か内閣総理大臣か、また、基本的人権の制限まで踏み込むのか、それには触れない範囲で行うのか等々の論点があり得ます。こうした点について、国会での議論を進めるべきと考えます。〔中略〕緊急事態については、どのような要件の緊急事態	●国家緊急権とは、戦争、内乱、恐慌ないし大規模な自然災害などで、平時の統治機構をもってしては対処できない非常事態において、国家権力が国家の存立を維持するために、立憲的な憲法秩序である人権の保障と権力分立を一時停止して非常措置をとる権限だと憲法学者の芦部信喜氏は定義し、通説となっております。社民党は、我が国において国家緊急権としての非常事態条項を憲法に盛

緊急事態条項は、憲法原則である権力分立と人権保障を停止し、政府の独裁と際限のない人権の制限をもたらすもので、まさに憲法停止条項と言わねばなりません。前文や9条によって戦力を持たず戦争を放棄した日本国憲法とは相入れないことは明らかです(赤嶺政賢議員発言)。

条項を憲法に新設するかという事前の問題だけではなく、緊急時の政府対応に関する事後的審査の問題も重視されるべきと考えます。我が党の憲法改正原案の立場からは、緊急時の政府対応の是非に関する判断というのは、憲法裁判所が重要な機能を果たし得る一つの例と言うことができます。

次に、解散権のあり方、特に解散権の制限について、緊急事態も含めた一般的な議論については、党内での議論はまだ収束しておりません(小沢鋭仁議員発言)。

り込む必要性はなく、そのための改憲には断固反対であります。

最近では、2020年東京オリンピック・パラリンピック開催と関連し、テロ攻撃を理由に、改憲の上、国家緊急権新設を主張する向きがあります。しかしながら、テロは国家緊急権が発動される非常事態ではありません。テロはあくまで緊急対処事態であり、法律に基づき、犯罪として警察が対処すべきであります(照屋寛徳議員発言)。

あとがきに代えて

　いきなりですが、皆さんは「スーパー防犯灯」をご存知でしょうか。防犯灯の支柱に緊急通報ボタンや防犯カメラが装備された街頭緊急通報システムの通称です。防犯効果が期待される一方で、通行人のプライバシー侵害のおそれも指摘されています。このスーパー防犯灯の設置をめぐって、今から14年前の2003年7月3日、東京都議会の警察・消防委員会において石井義修議員（当時。公明党）が次のように発言しました。

　　［スーパー防犯灯によって］プライバシーが侵害されるとかいう人がいますけれども、プライバシーが侵害されるよりも、子どもたちの命が脅かされているわけでありますから、ぜひとも今後も［その設置を］促進していただきたいと思います。

　ひらたく言えば「命の安全がかかってるんだから、プライバシーとか人権とか悠長なことを言ってる場合じゃないだろう」ということです。人権か安全か——このアポリア（難問）は、本書でさまざまな角度から批判的に検討してきた「緊急事態条項」について考える際にも常に付きまといます。

──いざという時に国民の生命を守るため一時的に憲法秩序を停止できる
よう、日本国憲法に緊急事態条項を導入しなければならない──。思わず
納得してしまいそうな、わかりやすい理屈です。しかし、このわかりやす
い理屈の陰に差し挟むべき疑問が隠されてはいないか、少し立ち止まって
考えてみる、というのが本書のねらいでした。たとえば、人権と安全は本
当に両立不可能なゼロサムの関係にあるのか、そもそも「人権か、安全か」
という問いの立て方そのものが適切と言えるのか……。

　試しに、いったん目線を「安全を要求する」市民の側から「安全を提供す
る」国家権力の側に移してみましょう。そのような観点から現代の「安全」
の問題を考え続けているのが、2001年の〈9.11〉同時多発テロ以降「テロと
の戦争」に突き進んだアメリカ合衆国の現況を手がかりに「例外状況」を論
じたイタリアの哲学者ジョルジョ・アガンベンです。彼は、2015年11月
13日のパリ同時多発テロのおよそ1カ月後、同12月23日付のフランスの
新聞『ル・モンド』に「法治国家から安全国家へ」と銘打った論説を寄せてい
ます。

　それによると、トマス・ホッブズの「万人の万人に対する闘争」という格

159

言でも知られる近代主権国家とは、人々の「恐怖を終わらせる」ためのもの
でした。しかし、それとは対照的に現在の国家は「安全国家」となっており、
持続的に人々の「恐怖に依拠する」ものとなっています。そして、安全国家
は、人々の「恐怖」からその本質的機能と正当性を引き出しているがゆえ、
なんとしてでも人々の恐怖心を煽らなければならなくなっているのです。

　少し言葉を補って言い換えるならば「テロ、戦争、災害、疫病などの『緊
急事態』に対して多くの市民が不安や恐怖を感じないと国家は存続できな
い」、端的に言えば「恐怖なくして国家なし」ということです。

　ここで20世紀の歴史を省みれば、そして21世紀初頭現在の世界を瞥見
すれば、このようなアガンベンの主張はあながち的外れとも言えないこと
がわかります。たとえば、緊急勅令や戒厳といった緊急事態条項を豊富に
具備する憲法を有していた大日本帝国の末路を、私たちは知っています。
同様に、「大恐慌」や「共産主義革命」や「ユダヤの陰謀」に国民の不安や恐怖
心が煽られたドイツ・ヴァイマール共和国において、憲法に規定されてい
た緊急事態条項がどのような役割を果たしたのか、私たちは知っています。
また、緊急事態条項が濫用された苦い経験をもつ韓国・パキスタン・インド

160　あとがきに代えて

ネシアの諸事例、そして現在緊急事態下にあるフランスとトルコ、2001年から愛国者法が施行されているアメリカ合衆国の諸情況も、私たちは知っています。さらに、本書では取り上げていませんが、自由主義諸国と比べて「国家の安全」をより重視する中国や北朝鮮の国内の人権状況についても、私たちは不完全ながら情報を得ることができます。これら多くの事実から得られる教訓を謙虚に学ぶ姿勢こそ、いま私たちに求められているのではないでしょうか。そして、本書がその学びの一助となるのならば、編者としてこれに勝る喜びはありません。

　最後になりましたが、本書の刊行に際しては、多くの方々からご協力をいただきました。とりわけ、現代人文社の成澤壽信さんと木野村香映さんには一方ならぬお世話になりました。このお二人の的確な助言と温かい励ましがなければ本書が完成することはなかったでしょう。この場を借りて厚く御礼申し上げます。

2017年4月12日
桜が散り始めた埼玉・上尾にて
編者を代表して　石川 裕一郎

編者・執筆者プロフィール（五十音順）

＊印は編者

飯島滋明（いいじま・しげあき）＊

名古屋学院大学経済学部教授。1969年生まれ。専門は、憲法学、平和学、医事法。主な著作に、『Q&Aで読む日本軍事入門』（共編著、吉川弘文館、2013年）、『すぐにわかる 集団的自衛権ってなに？』（共著、七つ森書館、2014年）、『憲法未来予想図』（共著、現代人文社、2014年）、『これでいいのか！日本の民主主義——失言・名言から読み解く憲法』（編著、同社、2016年）、『安保法制を語る！自衛隊員・NGOからの発言』（編著、同社、2016年）などがある。

池田賢太（いけだ・けんた）

弁護士（札幌弁護士会）。1984年生まれ。 南スーダンPKO派遣差止訴訟弁護団事務局長。主な著作に、『北海道で生きるということ——過去・現在・未来』（共著、法律文化社、2016年）などがある。

石川裕一郎（いしかわ・ゆういちろう）＊

聖学院大学政治経済学部教授。1967年生まれ。専門は憲法学、比較憲法学、フランス法学。主な著作に、『裁判員と死刑制度』（編著、新泉社、2010年）、『現代フランス社会を知るための62章』（共著、明石書店、2010年）、『リアル憲法学〔第2版〕』（共著、法律文化社、2013年）、『フランスの憲法判例II』（共著、信山社、2013年）、『憲法未来予想図』（共著、現代人文社、2014年）、『これでいいのか！日本の民主主義——失言・名言から読み解く憲 法』（共著、現代人文社、2016年）、『それって本当？メディアで見聞きする改憲の論理Q&A』（共著、かもがわ出版、2016年）、「市民的自由と警察の現在——『スノーデン・ショック後』の監視社会と国家」（法学セミナー742号〔2016年〕）などがある。

奥田喜道（おくだ・よしみち）

青山学院大学非常勤講師・早稲田大学比較法研究所招聘研究員。1972年生まれ。専門は、憲法学、比較憲法（主にスイス憲法）。主な著作に、「福島第一原発事故後の政治システムのあり方」『政治変動と憲法理論』（憲法理論叢書19、敬文堂、2011年）、『憲法未来予想図』（共編著、現代人文社、2014年）、『ネット社会と忘れられる権利』（編著、現代人文社、2015年）などがある。

小田博志（おだ・ひろし）

北海道大学大学院文学研究科教授。1966年生まれ。専門は、人類学。主な著作に、『平和の人類学』（関雄二と共編著、法律文化社、2014年）、『エスノグラフィー入門——〈現場〉を質的研究する』（春秋社、2010年）、「戦後和解と植民地後和解のギャップ——ドイツ・ナミビア間の遺骨返還を事例に」（『平和研究〔脱植民地化のための平和学〕』47号〔2016年〕所収）などがある。

榎澤幸広（えのさわ・ゆきひろ）＊

名古屋学院大学現代社会学部准教授。1973年生まれ。専門は、憲法学、マイノリティと法、島嶼と法。主な著作に、「公職選挙法8条への系譜と問題点」（名古屋学院大学論集社会科学篇47(3)〔2011年〕）、「記憶の記録化と人権」石埼学＝遠藤比呂通編『沈黙する人権』（法律文化社、2012年）、「日本語を話しなさい——裁判を受ける権利」ほか石埼学＝押久保倫夫＝笹沼弘志編『リアル憲法学〔第2版〕』（法律文化社、2013年）、『憲法未来予想図』（共編著、現代人文社、2014年）、『これでいいのか！日本の民主主義——失言・名言から読み解く憲法』（編著、同社、2016年）などがある。

川眞田嘉壽子(かわまた・かずこ)
立正大学法学部教授。1959年生まれ。専門は、国際人権法・ジェンダー法、女性差別撤廃条約の実施、安全保障とジェンダー。主な著作に、「第0章 ジェンダー法を学ぶ基礎としてⅴ国際法の基本」犬伏由子＝井上匡子＝君塚正臣編『レクチャージェンダー法』(法律文化社、2012年)、「平和・安全保障とジェンダーの主流化——安全保障理事会決議1325とその実施評価を題材として」ジェンダー法学会編『講座ジェンダーと法　第1巻　ジェンダー法学のインパクト』(日本加除出版、2012年)、「国連の集団安全保障とジェンダー——安保理決議1325の意義と課題」ジェンダーと法11号(2014年)などがある。

清末愛砂(きよすえ・あいさ)*
室蘭工業大学大学院工学研究科准教授。1972年生まれ。専門は、家族法、憲法学。主な著作に、「21世紀の『対テロ』戦争と女性に対する暴力」ジェンダー法学会編『講座　ジェンダーと法　第3巻　暴力からの解放』(日本加除出版、2012年)、『これでいいのか！日本の民主主義——失言・名言から読み解く憲法』(共著、現代人文社、2016年)、『安保法制を語る！自衛隊員・NGOからの発言』(編著、同社、2016年)、『北海道で生きるということ——過去・現在・未来』(編者、法律文化社、2016年)、「第10章 重要条文・憲法二四条はなぜ狙われるのか」塚田穂高編著『徹底検証 日本の右傾化』(筑摩書房、2017年)などがある。

佐伯奈津子(さえき・なつこ)
名古屋学院大学国際文化学部講師。1973年生まれ。専門は、地域研究(東南アジア)。主な著作に、『アチェの声——戦争・日常・津波』(コモンズ、2005年)、『現代インドネシアを知るための60章』(共編著、明石書店、2013年)、「開発と紛争——インドネシア・アチェODA事業による土地収用と住民の周縁化」甲斐田万智子＝佐竹眞明＝長津一史＝幡谷則子編『小さな民のグローバル学——共生の思想と実践を求めて』(上智大学出版、2016年)、『安保法制を語る！自衛隊員・NGOからの発言』(編著、現代人文社、2016年)などがある。

清水雅彦(しみず・まさひこ)
日本体育大学体育学部教授。1966年生まれ。専門は、憲法学。主な著作に、『治安政策としての「安全・安心まちづくり」』(社会評論社、2007年)、『「安全・安心社会」とマスメディア』『憲法から考える実名犯罪報道』(現代人文社、2013年)、『憲法を変えて「戦争のボタン」を押しますか？』(高文研、2013年)、『憲法未来予想図』(共著、現代人文社、2014年)、『秘密保護法から「戦争する国」へ』(共編著、旬報社、2014年)などがある。

髙良沙哉(たから・さちか)
沖縄大学人文学部准教授。1979年生まれ。専門は憲法学、軍事性暴力、軍事基地問題と沖縄。主な著作に、『「慰安婦」問題と戦時性暴力』(法律文化社、2015年)、「米軍基地と性暴力」季刊セクシュアリティ75号(2016年)、「憲法の掲げる平和主義と自衛隊の強化」沖縄大学地域研究18号(2016年)などがある。

編者・執筆者プロフィール（五十音順）

＊印は編者

徃住嘉文（とこすみ・よしふみ）
北海道新聞編集委員。1954年生まれ。主な著作に、沖縄密約情報公開訴訟原告団編『沖縄密約をあばく――記録｜沖縄密約情報公開訴訟』（共著、日本評論社、2016年）、原発「吉田調書」記事取り消し事件と朝日新聞の迷走編集委員会編『いいがかり――原発「吉田調書」記事取り消し事件と朝日新聞の迷走』（共著、七つ森書館、2015年）、月刊「創」緊急増刊・朝日新聞バッシングとジャーナリズムの危機（創出版、2015年）などがある。

永井幸寿（ながい・こうじゅ）
弁護士（兵庫県弁護士会）、1955年生まれ。日本弁護士連合会災害復興支援委員会元委員長。関西学院大学災害復興制度研究所研究員。NPO災害看護支援機構監事。主な著作に、『「災害救助法」徹底活用』（共著、クリエイツかもがわ、2012年）、『Q&A震災と相続の法律問題』（共著、商事法務、2012年）、『よくわかる緊急事態条項Q&A』（明石書店、2016年）、『憲法に緊急事態条項は必要か』（岩波書店、2016年）などがある。2017年3月衆議院憲法審査会で緊急事態条項について参考人として意見陳述。

馬場里美（ばば・さとみ）
立正大学法学部教授。1973年生まれ。専門は、憲法、国際人権法。主な著作に、「人権の国際的保障」ほか元山健＝建石真公子編『現代日本の憲法〔第2版〕』（法律文化社、2016年）、「多文化共生社会における外国人の人権とは」ほか倉持孝司編『歴史から読み解く日本国憲法〔第2版〕』（法律文化社、2017年）などがある。

前田 朗（まえだ・あきら）
東京造形大学造形学部教授。1955年生まれ。専門は刑事人権論、戦争犯罪論。主な著作に、『戦争犯罪論』『ジェノサイド論』『人道に対する罪』『9条を生きる』（以上、青木書店）、『軍隊のない国家』（日本評論社）、『刑事法再入門』（インパクト出版会）、『国民を殺す国家』『パロディのパロディ――井上ひさし再入門』（以上、耕文社）、『ヘイト・スピーチ法研究序説』『黙秘権と取調拒否権』（以上、三一書房）、『旅する平和学』（彩流社）などがある。

松原幸恵（まつばら・ゆきえ）
山口大学教育学部准教授。1965年生まれ。専門は、憲法学、イギリス法思想史。主な著作に、「ほっといてくれ、だけじゃ物足りない――社会権」佐藤潤一著『教養 憲法入門』（敬文堂、2013年）、「人権総論」「包括的人権」倉持孝司＝小松浩編著『憲法のいま――日本・イギリス』（敬文堂、2015年）、「イギリス憲法の『現代化』と『法の支配』論の現状――ビンガムの論説を手がかりに」倉持孝司＝松井幸夫＝元山健編著『憲法の「現代化」――ウェストミンスター型憲法の変動』（敬文堂、2016年）、『これでいいのか！日本の民主主義――失言・名言から読み解く憲法』（共著、現代人文社、2016年）などがある。

松村芳明（まつむら・よしあき）
専修大学非常勤講師。1973年生まれ。専門は憲法、情報法。主な著作に、「共和主義と憲法文化――憲法愛国主義論の検討を端緒として」専修法学論集123号(2015年)、「民族特別議席は認められる？――国民主権と代表制」石埼学＝笹沼弘志＝押久保倫夫編『リアル憲法学〔第2版〕』（法律文化社、2013年）、「人権とは何か」「校則」「子ども・学校と情報」宿谷晃弘編『人権Q&Aシリーズ1 学校と人権』（成文堂、2011年）などがある。

安原陽平(やすはら・ようへい)
沖縄国際大学総合文化学部講師。1979年生まれ。専門は、憲法学、教育法学。主な著作に、「生徒の政治的自由・教師の政治的自由」（法学セミナー738号〔2016年〕）、「道徳教科化の教育法的問題点」（日本教育法学会年報45号〔2016年〕）、斎藤一久編著『高校生のための選挙入門』（分担執筆、三省堂、2016年）などがある。

吉田達矢(よしだ・たつや)
名古屋学院大学国際文化学部講師。1975年生まれ。専門は、オスマン帝国史、戦前の名古屋と中東・イスラーム世界との関係。主な著作に、「19世紀半ばオスマン帝国政府の正教徒統治政策——正教会総主教座法の編纂過程に関する考察から」（東洋学報95 (2)〔2013年〕）、「戦前期における在名古屋タタール人の交流関係に関する一考察」（東洋大学アジア文化研究所研究年報48〔2014年〕）、「20世紀前半における名古屋と中東との関係」（名古屋学院大学論集人文・自然科学篇53 (1)〔2016年〕）などがある。

李京柱(이경주/リ・キョンジュ)
韓国・仁荷(INHA)大学法科大学院教授。1965年生まれ、専攻は憲法学。主な著作に 、『평화권의 이해』(사회평론사,2014년) ／『平和権の理解』（共著、社会評論社、2014年）、『日韓憲法學의 對話Ⅰ』（3.「韓国と日本の平和を語り合う」を担当、尚学社、2012年）、「アジアへの仲間入りの憲法」法律時報増刊『「憲法改正論」を論ずる』（2013年）、などがある。

渡邊 弘(わたなべ・ひろし)
鹿児島大学共通教育センター准教授。1968年生まれ。専門は、憲法学、法教育論、司法制度論。主な著作に、「『国民の司法参加』『裁判員制度』の教育を巡る課題」（憲法理論研究会編『憲法理論叢書⑲政治変動と憲法理論』〔2011年〕）、「法を学ぶもののための法教育入門」法学セミナー662号（2010年）などがある。

緊急事態条項で暮らし・社会はどうなるか
「お試し改憲」を許すな

2017年5月20日　第1版第1刷発行

編著者　清末愛砂・飯島滋明・石川裕一郎・榎澤幸広
発行人　成澤壽信
発行所　株式会社 現代人文社
　　　　〒160-0004 東京都新宿区四谷2-10八ッ橋ビル7階
　　　　振替　00130-3-52366
　　　　電話　03-5379-0307（代表）
　　　　FAX　03-5379-5388
　　　　E-Mail　henshu@genjin.jp（代表）／hanbai@genjin.jp（販売）
　　　　Web　http://www.genjin.jp
発売所　株式会社 大学図書
印刷所　株式会社ミツワ
装　幀　Malp Dsign（宮崎萌美＋柴崎精治）
本文デザイン　Malp Dsign（陳湘婷）

検印省略　PRINTED IN JAPAN　ISBN978-4-87798-672-8 C0036
© 2017 Kiyosue Aisa Iijima Shigeaki Ishikawa Yuichiro Enosawa Yukihiro

本書の一部あるいは全部を無断で複写・転載・転訳載などをすること、または磁気媒体等に入力することは、法律で認められた場合を除き、著作者および出版者の権利の侵害となりますので、これらの行為を行う場合には、あらかじめ小社または編者宛てに承諾を求めてください。